INKoherente

DANDO VUELTAS POR TU INTERIOR

PLAN B

Papel certificado por el Forest Stewardship Council®

MIXTO
Papel procedente de
fuentes responsables
FSC   FSC® C117695
www.fsc.org

Penguin
Random House
Grupo Editorial

Primera edición: abril de 2021

© 2021, Inkoherente
© 2021, Penguin Random House Grupo Editorial, S. A. U.
Travessera de Gràcia, 47-49. 08021 Barcelona
Diseño de la cubierta: Inkoherente

Printed in Spain — Impreso en España

ISBN: 978-84-18051-06-7
Depósito legal: B-2.608-2021

Compuesto en M.I. Maquetación, S. L.

Impreso en Gómez Aparicio, S. L.
Casarrubuelos, Madrid

PB 5 1 0 6 A

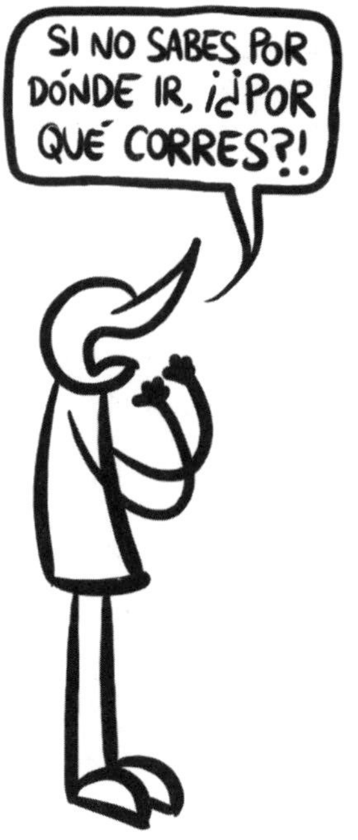
SI NO SABES POR DÓNDE IR, ¡¿POR QUÉ CORRES?!

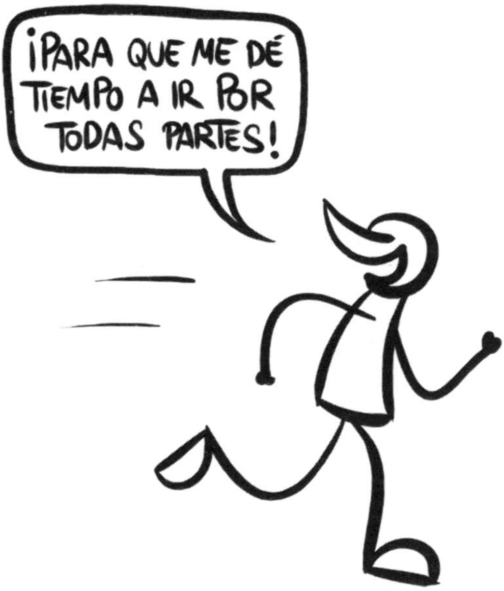
¡PARA QUE ME DÉ TIEMPO A IR POR TODAS PARTES!

LO QUE TÚ SIENTES
NO SOLO LO SIENTES TÚ

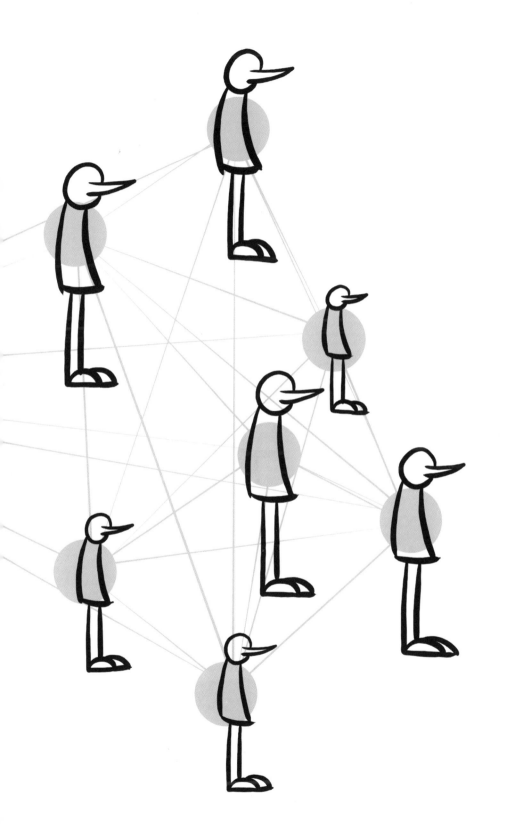

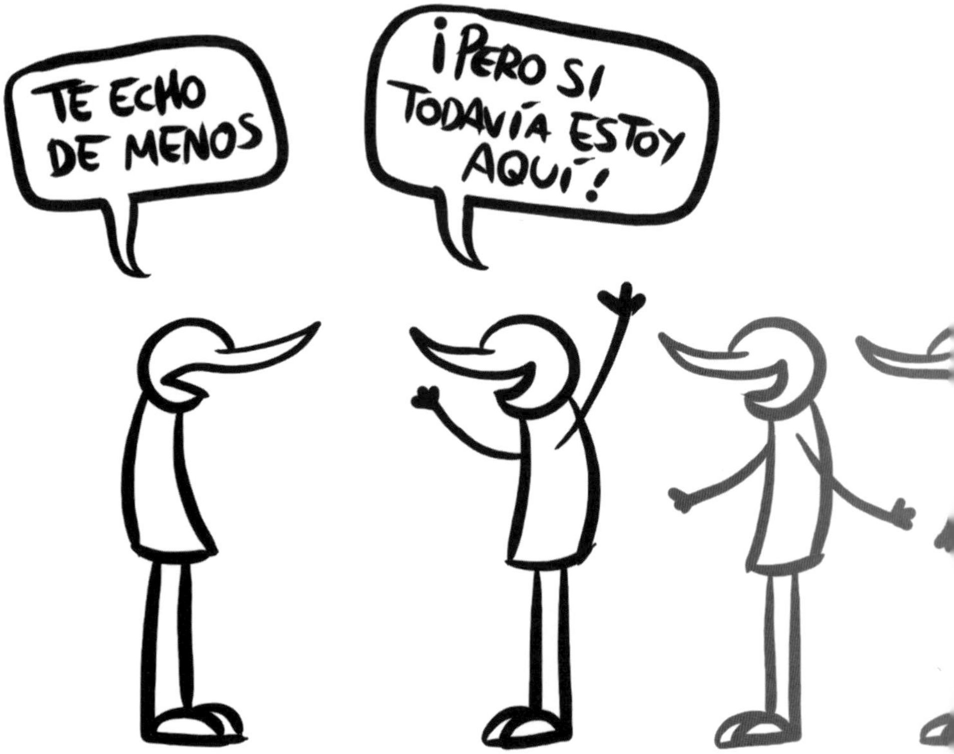
TE ECHO DE MENOS
¡PERO SI TODAVÍA ESTOY AQUÍ!

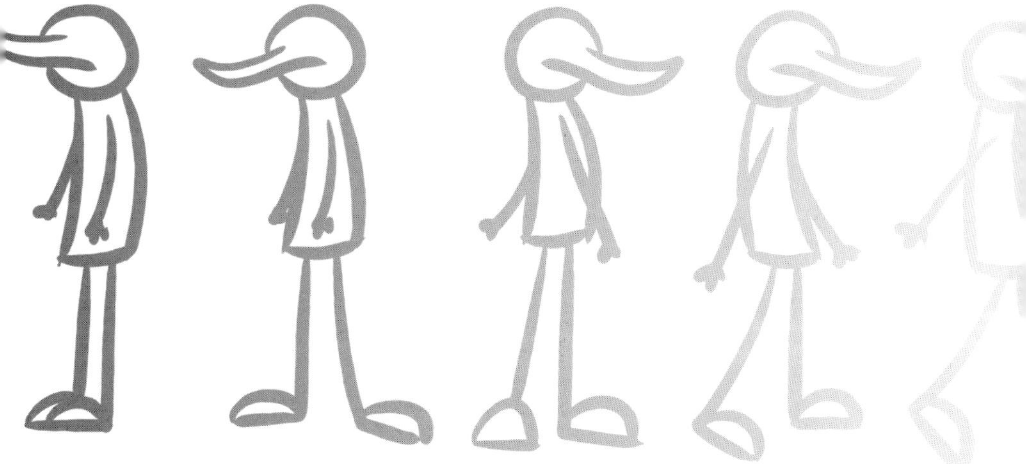

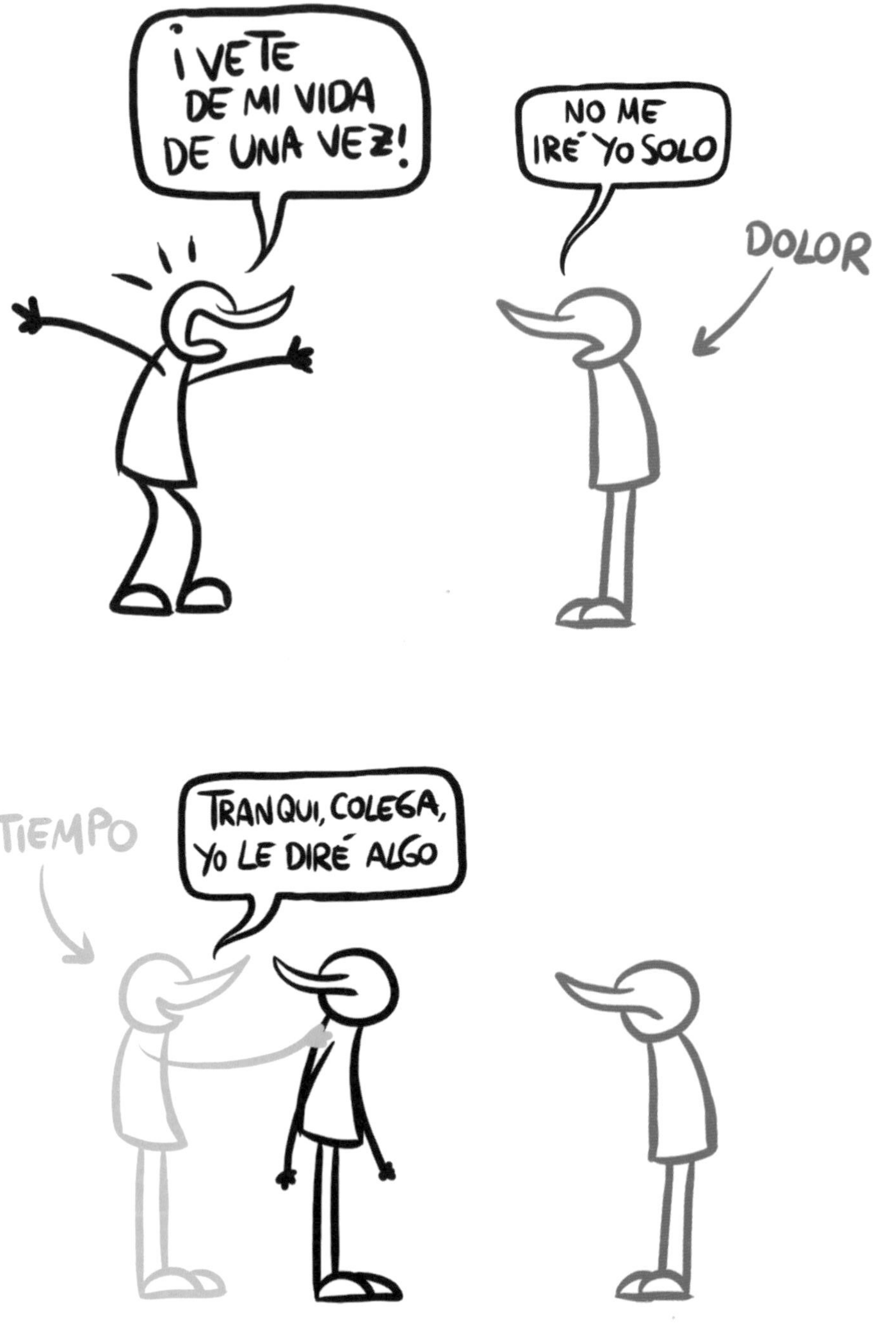
¡VETE DE MI VIDA DE UNA VEZ!
NO ME IRÉ YO SOLO
DOLOR
TIEMPO
TRANQUI, COLEGA, YO LE DIRÉ ALGO

CUANDO TE ROMPES
EN TANTOS TROZOS

AL JUNTARLOS
DE NUEVO...

SIEMPRE TE
DEJAS ALGUNO

ESTOY HACIENDO EL CAMINO
MÁS PERFECTO QUE HE HECHO NUNCA

JODER,
¡YO TAMBIÉN!

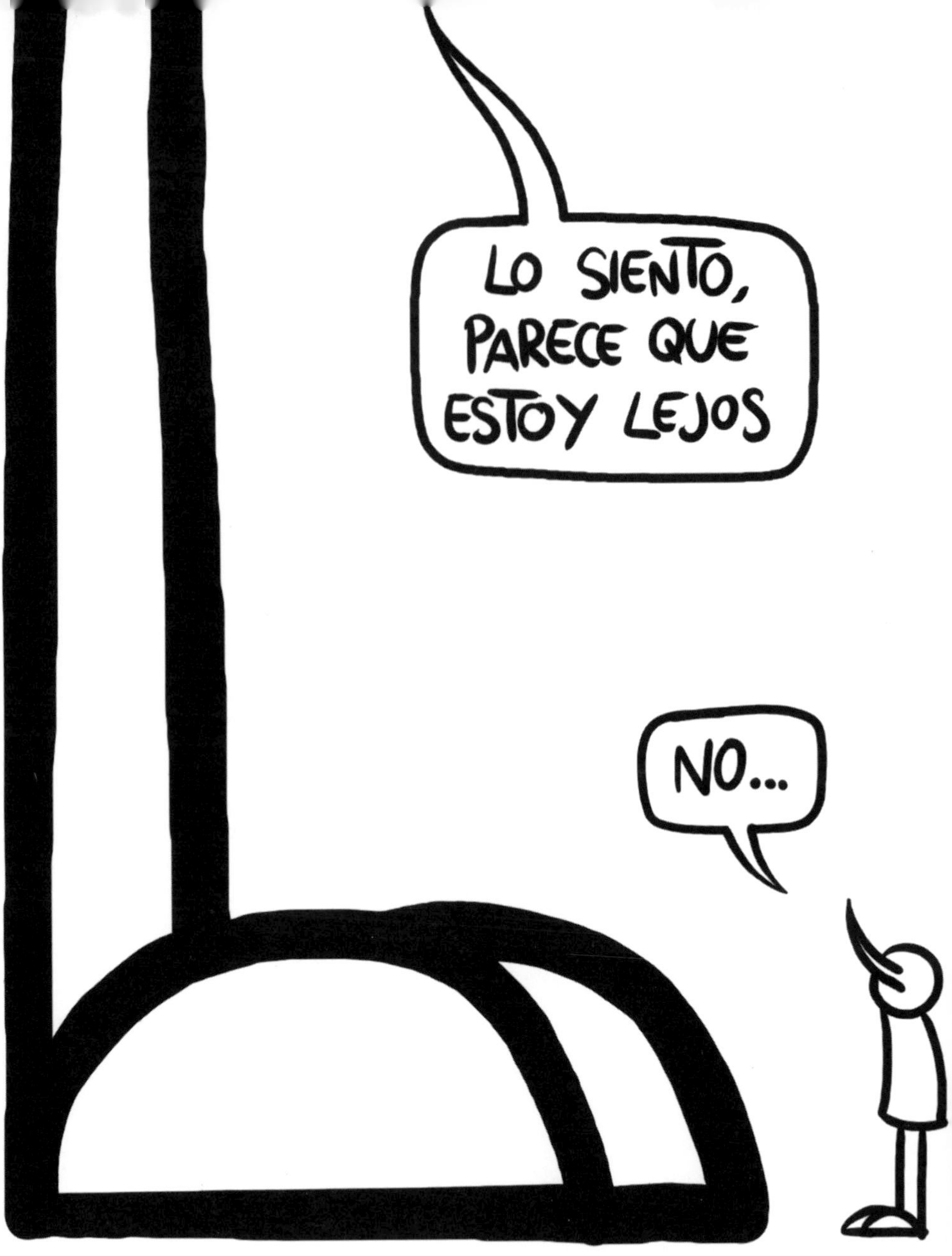
LO SIENTO, PARECE QUE ESTOY LEJOS
NO...

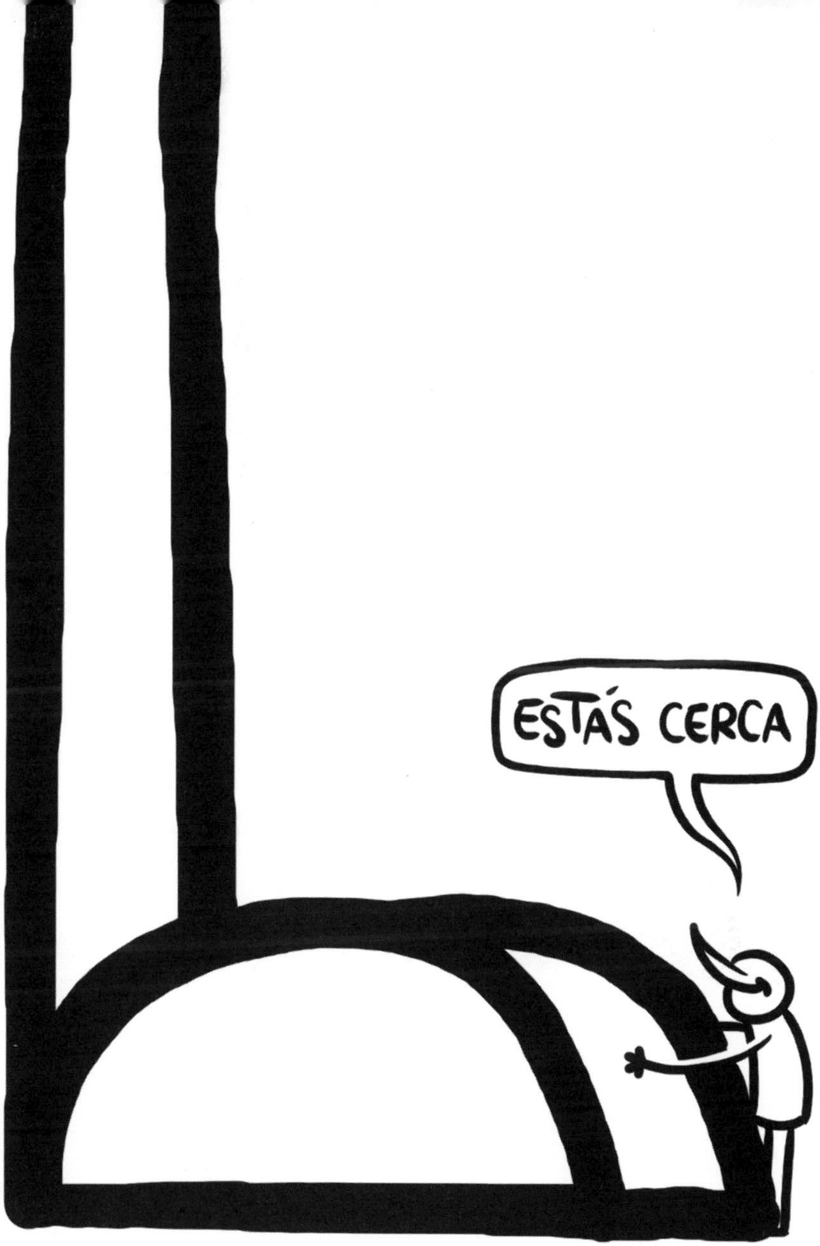
ESTÁS CERCA

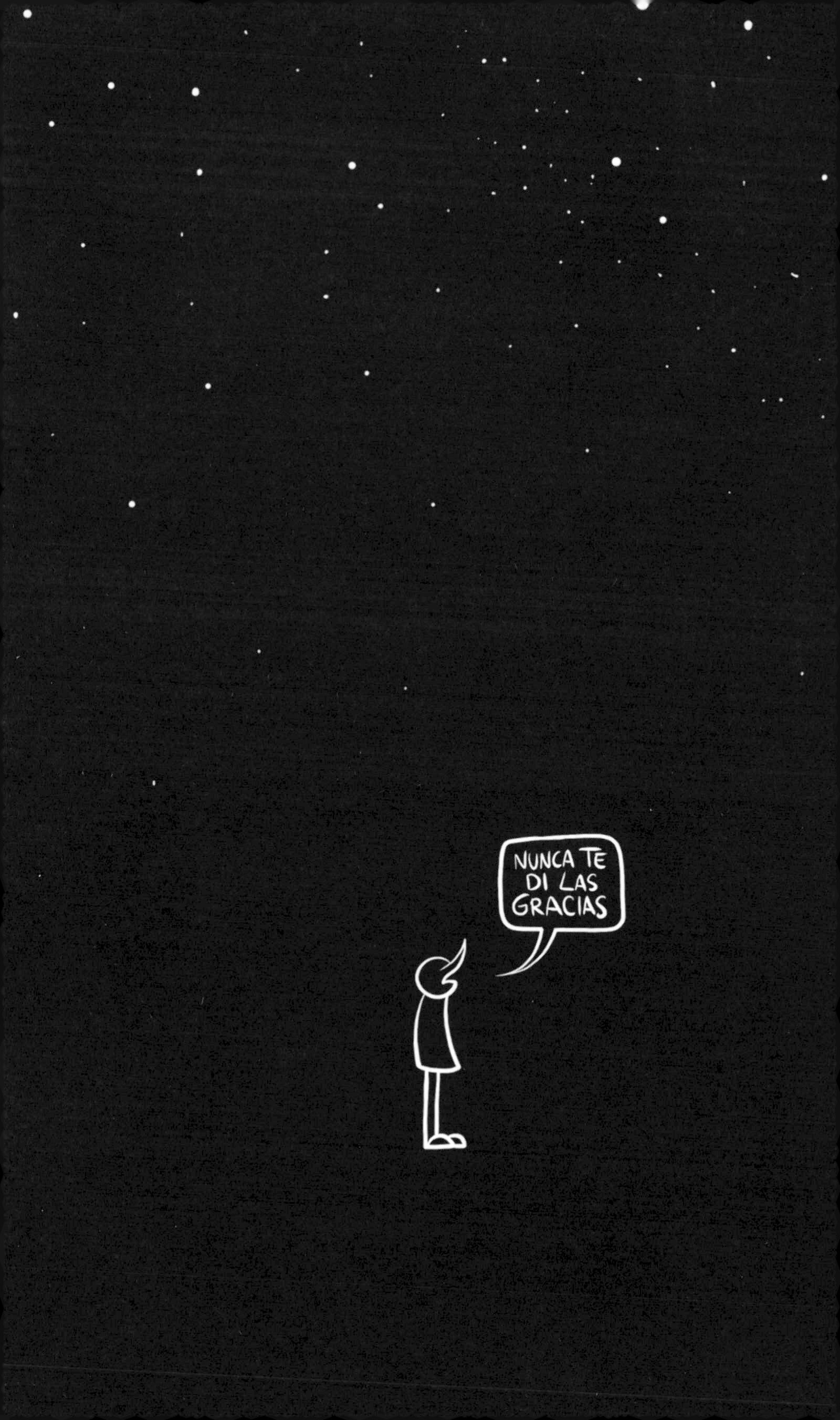
NUNCA TE DI LAS GRACIAS

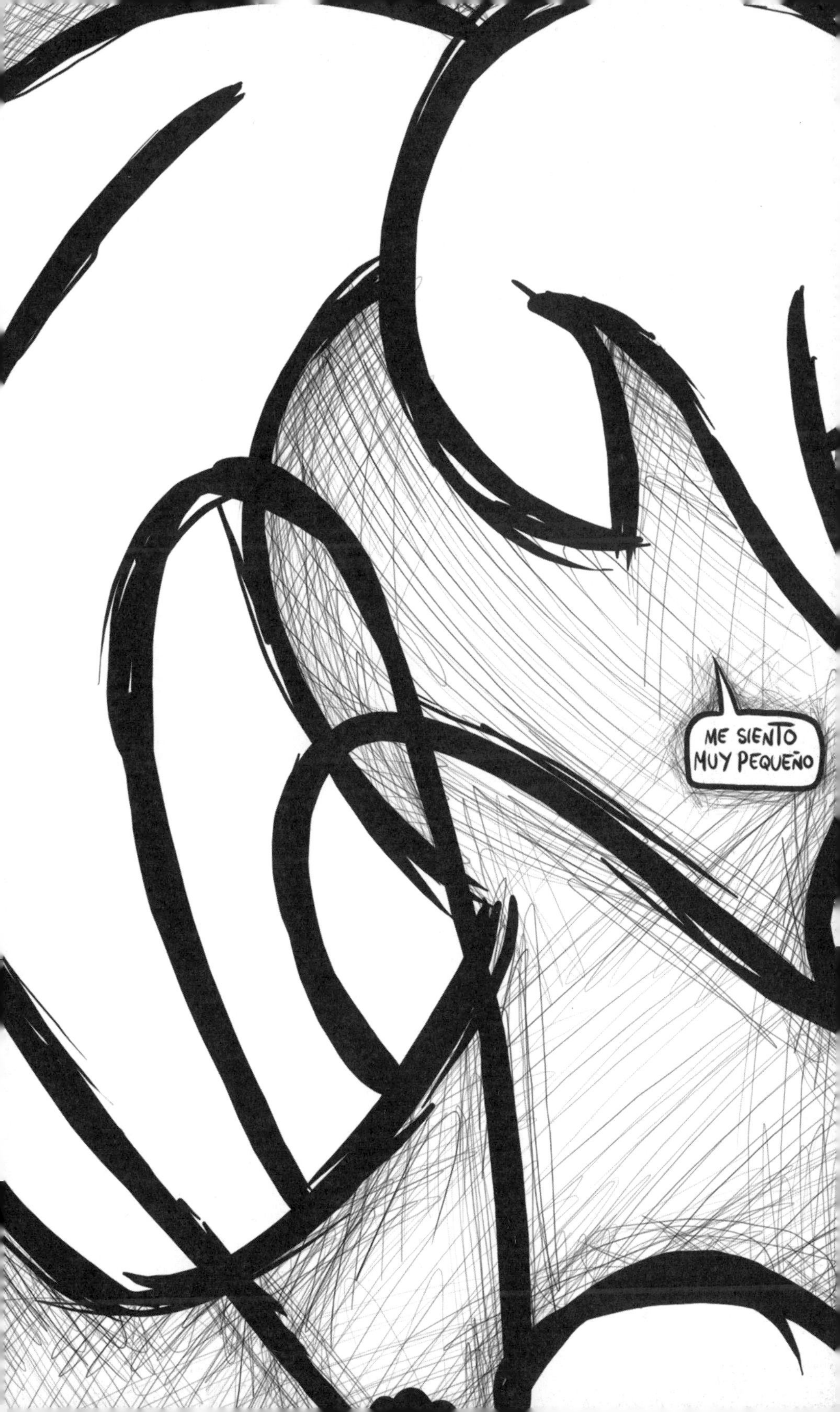
ME SIENTO MUY PEQUEÑO

LA CONEXIÓN INESPERADA ES MÁS POTENTE...

QUE LA OBVIA

ESTAMOS AVANZANDO

PERO SI VEMOS QUE SE ACABA

LO DISFRUTAMOS

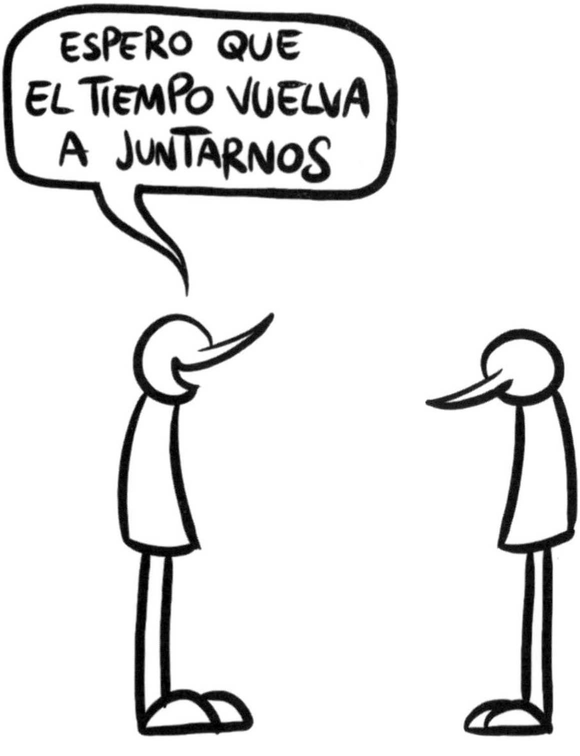
ESPERO QUE EL TIEMPO VUELVA A JUNTARNOS

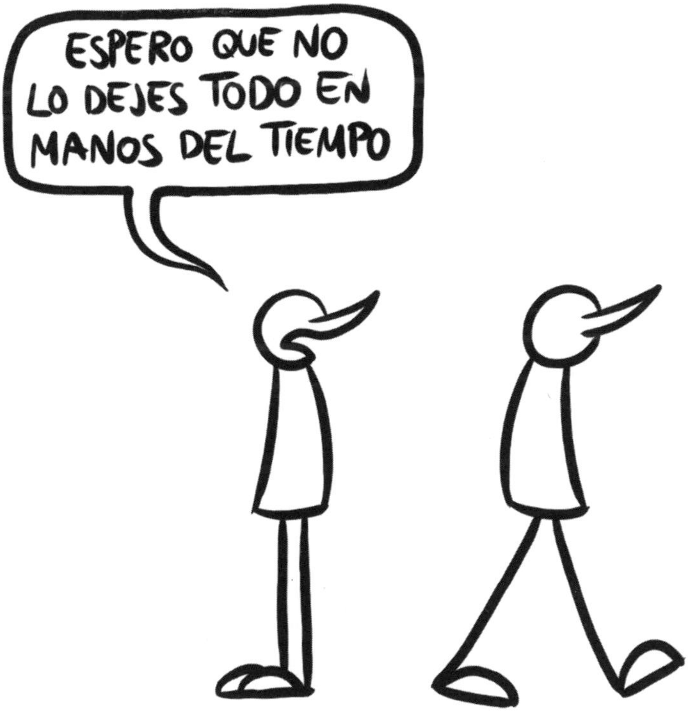
ESPERO QUE NO LO DEJES TODO EN MANOS DEL TIEMPO

Prefiero Jugar con Fuego

QUE MORIR
CONGELADO

ESTE MOMENTO
ES MARAVILLOSO

Y YA SE
NOS ESTÁ ESCAPANDO

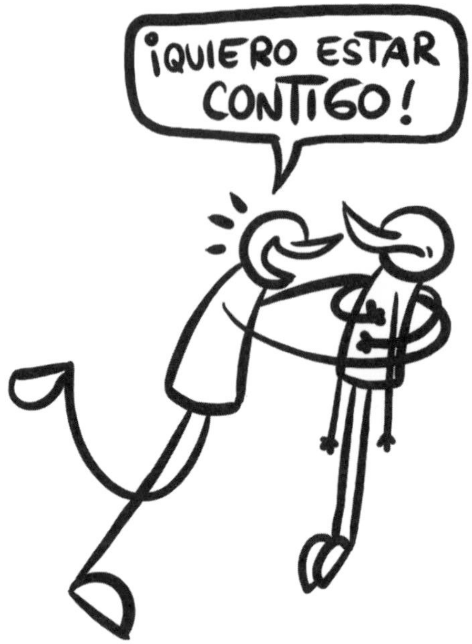
¡QUIERO ESTAR CONTIGO!

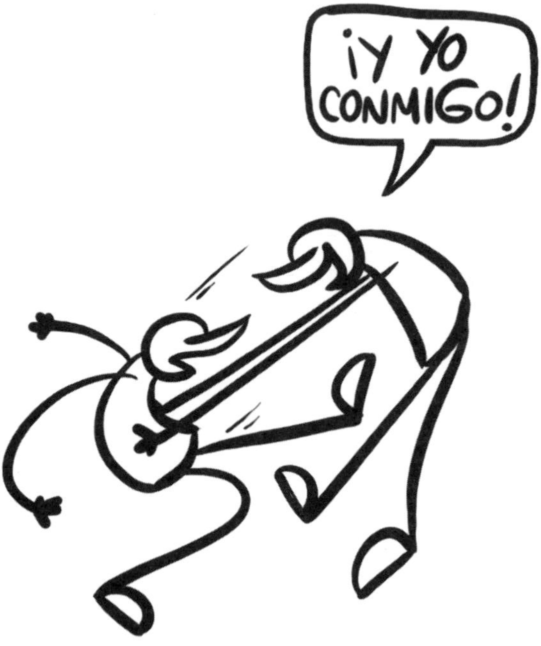
¡Y YO CONMIGO!

LA VIDA ES UN
CAMINO MUY LARGO

Y NO TODAS LAS PERSONAS
CON LAS QUE CAMINAS

LLEGAN CONTIGO AL FINAL

NI VERME

NI QUE ME VEAN

NO TE ACERQUES MUCHO...

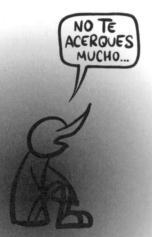

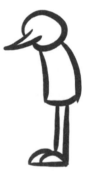

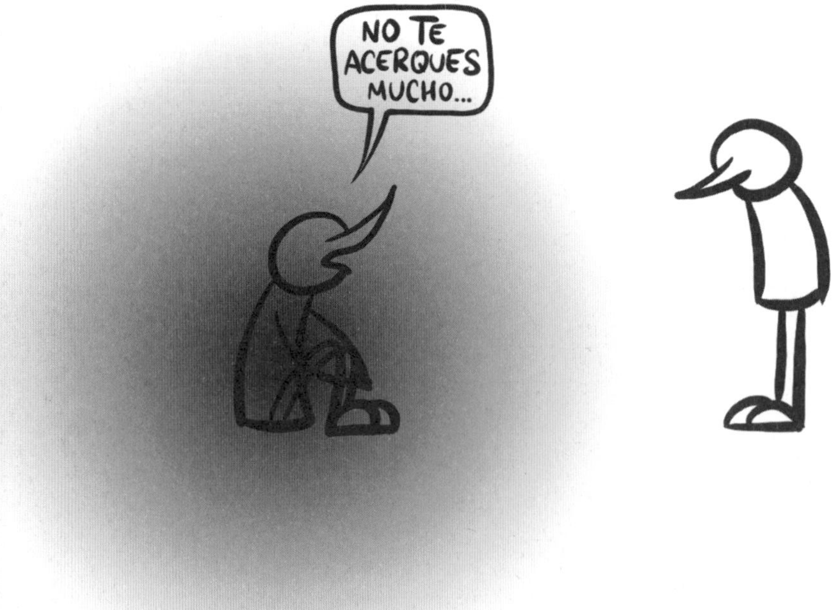

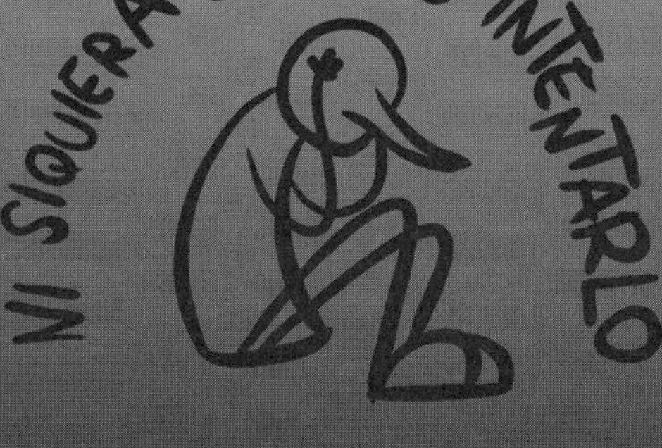
NI SIQUIERA CONSIGO INTENTARLO

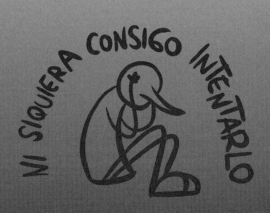

HAY DÍAS QUE ESTOY
EN LO MÁS ALTO

ME SIENTO TAN LIBRE
Y TAN ARRIBA

QUE ENSEGUIDA
VIENE EL MIEDO

MIEDO A SEGUIR SUBIENDO
HASTA QUE NO SE PUEDA MÁS

Y QUE LA CAÍDA SEA
TAN GRANDE Y DOLOROSA

QUE NO PUEDA
SUBIR DE NUEVO

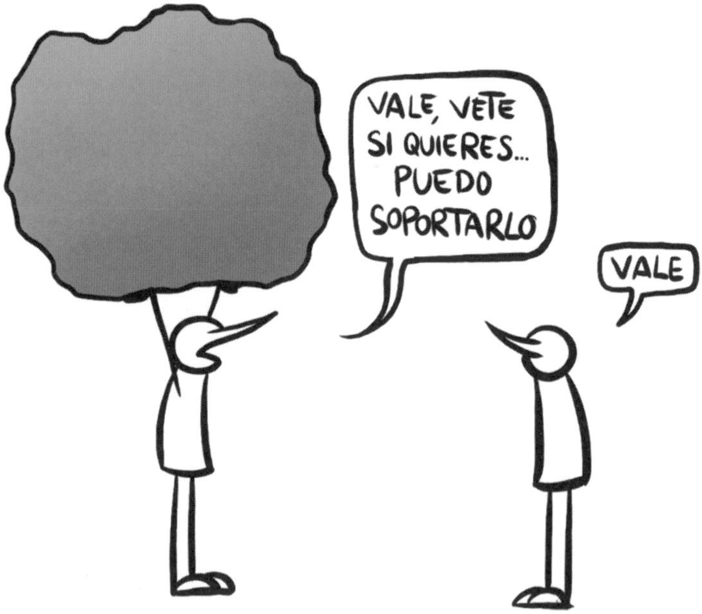
VALE, VETE SI QUIERES... PUEDO SOPORTARLO
VALE

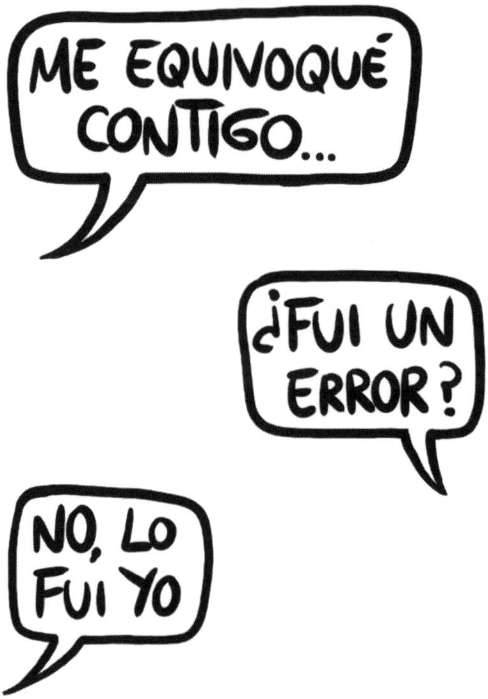
ME EQUIVOQUÉ CONTIGO...
¿FUI UN ERROR?
NO, LO FUI YO

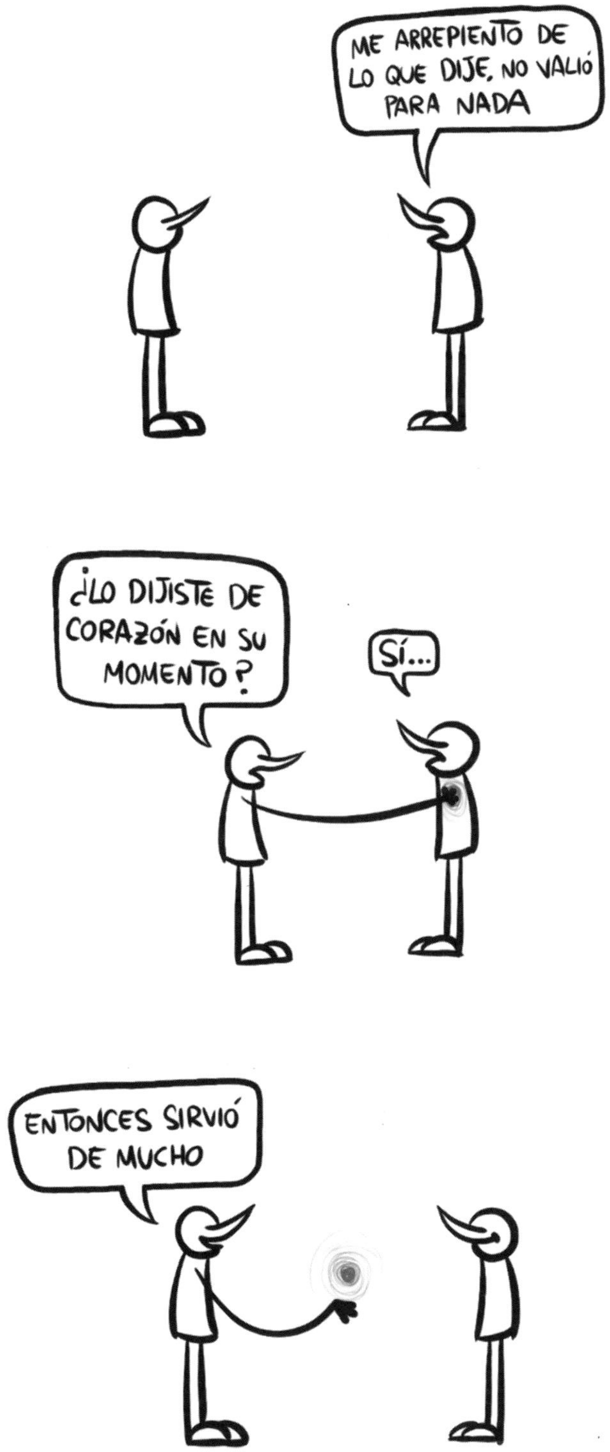
ME ARREPIENTO DE LO QUE DIJE, NO VALIÓ PARA NADA
¿LO DIJISTE DE CORAZÓN EN SU MOMENTO?
SÍ...
ENTONCES SIRVIÓ DE MUCHO

QUÉ CURIOSO QUE ALGUNAS COSAS
QUE HACES POR TU BIEN...

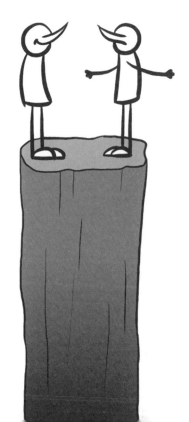

TE DESTROCE HACERLAS

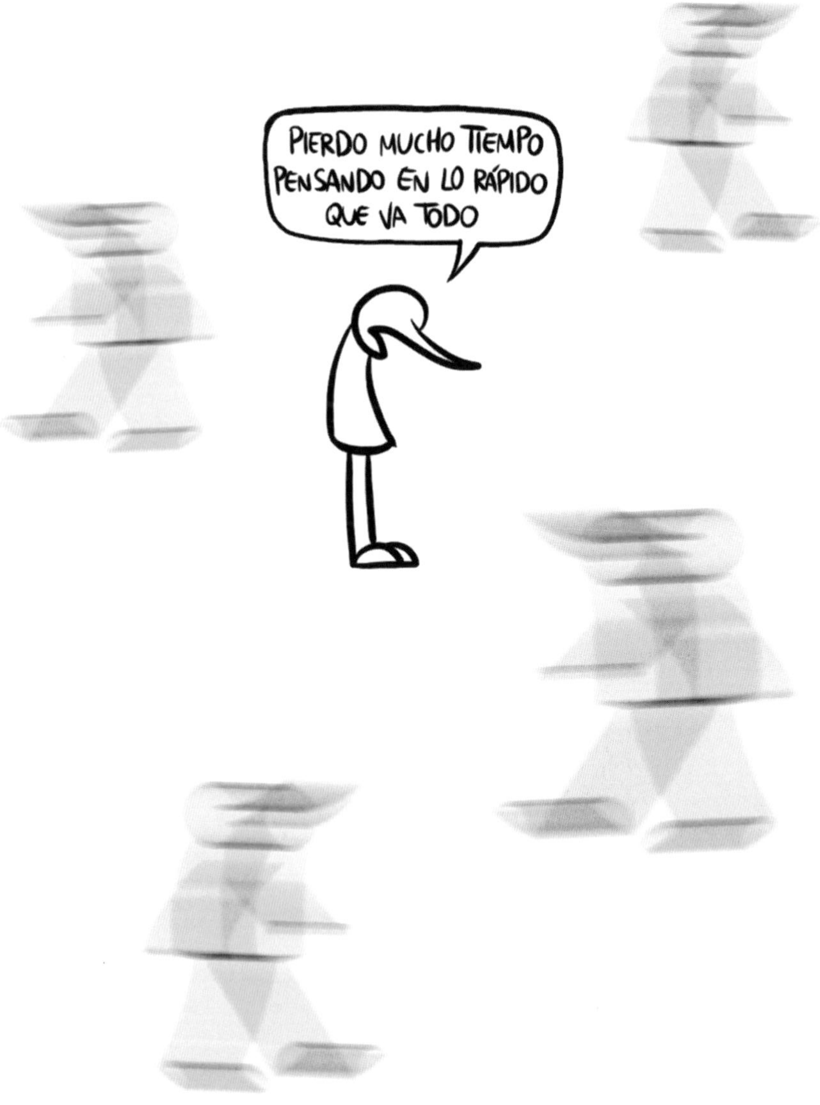
PIERDO MUCHO TIEMPO PENSANDO EN LO RÁPIDO QUE VA TODO

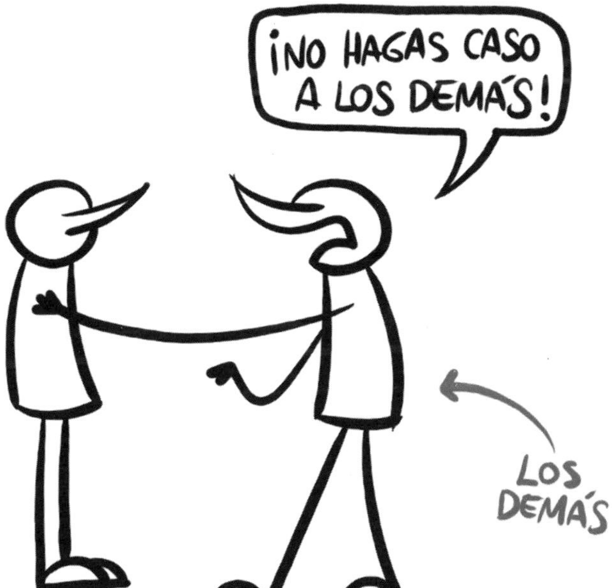
¡NO HAGAS CASO A LOS DEMÁS!
LOS DEMÁS

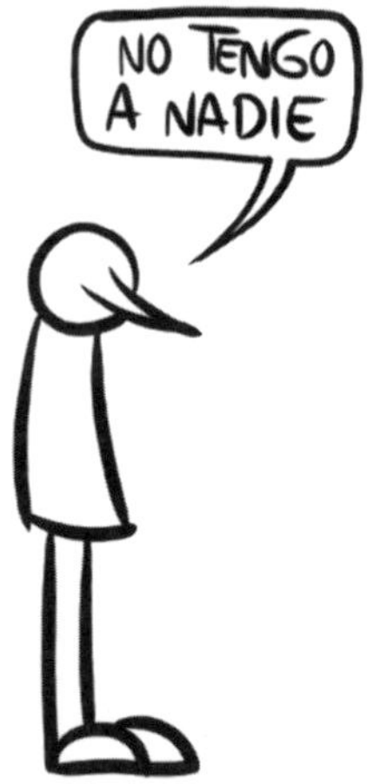
NO TENGO A NADIE

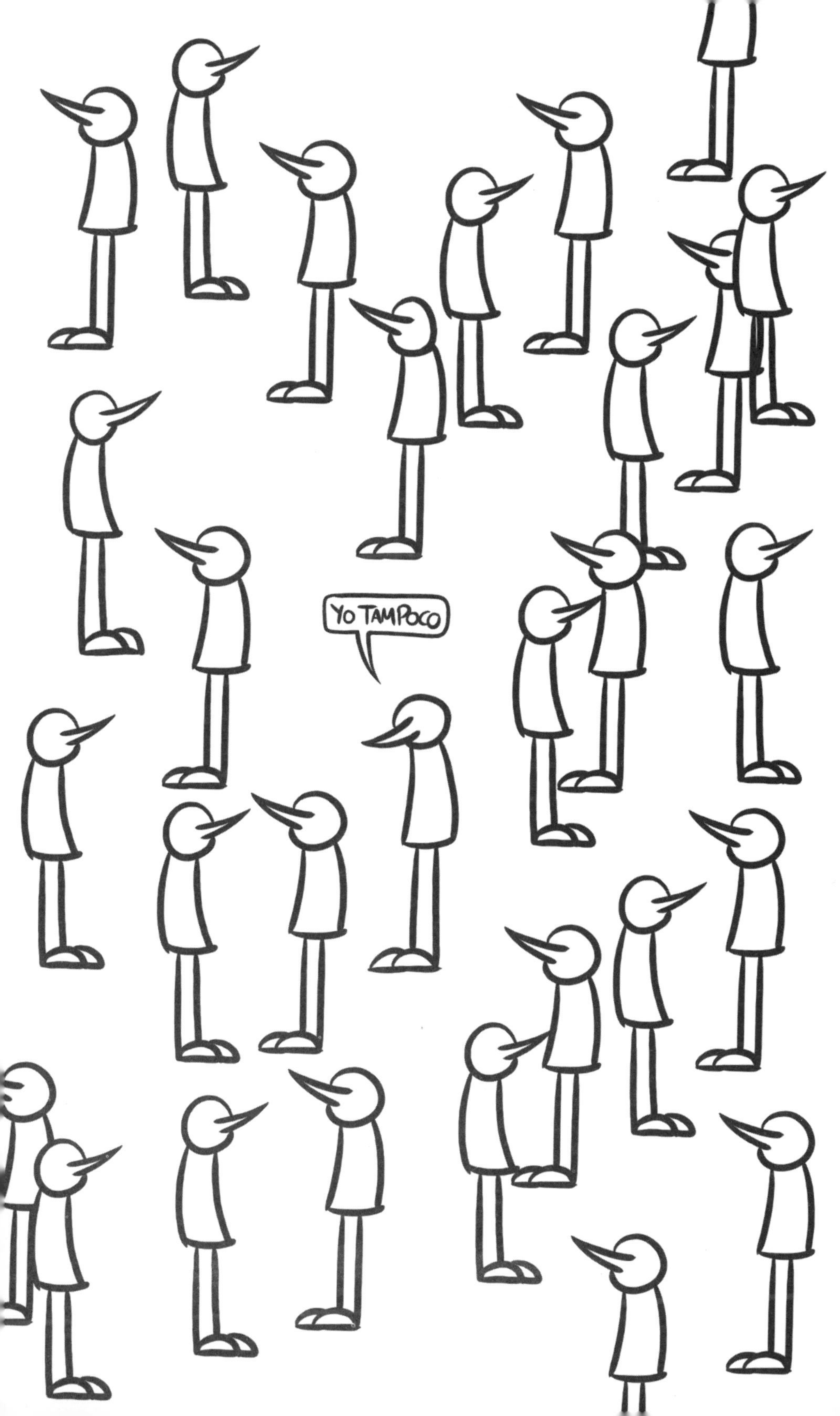
YO TAMPOCO

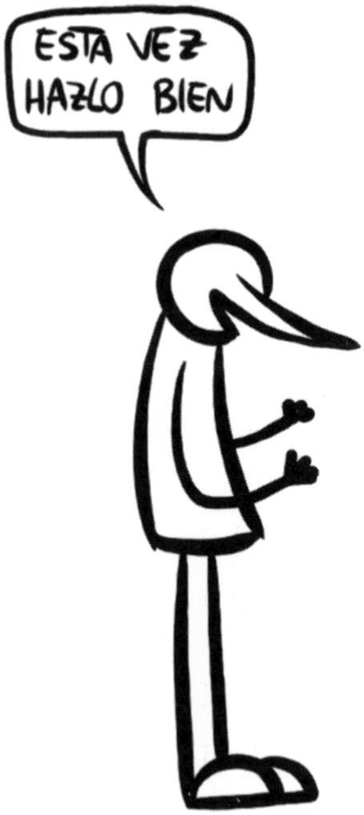
ESTA VEZ HAZLO BIEN

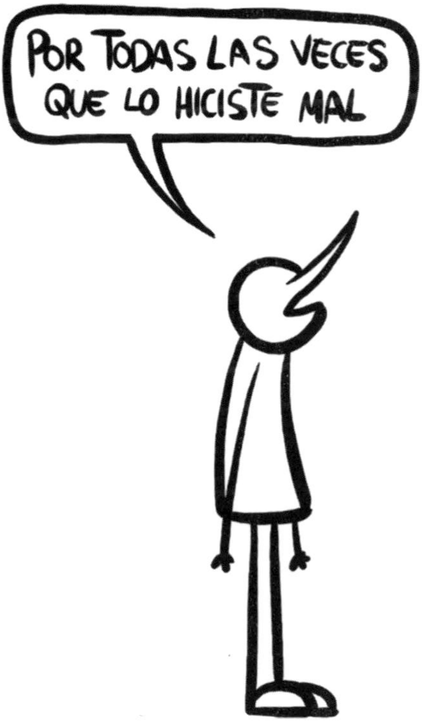
POR TODAS LAS VECES QUE LO HICISTE MAL

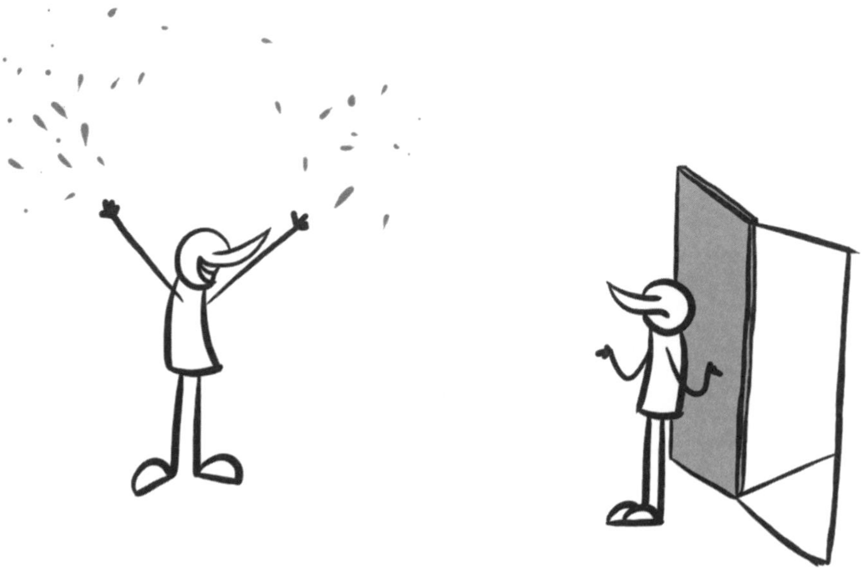

CREÍA QUE TODO LO QUE HICE NO SIRVIÓ

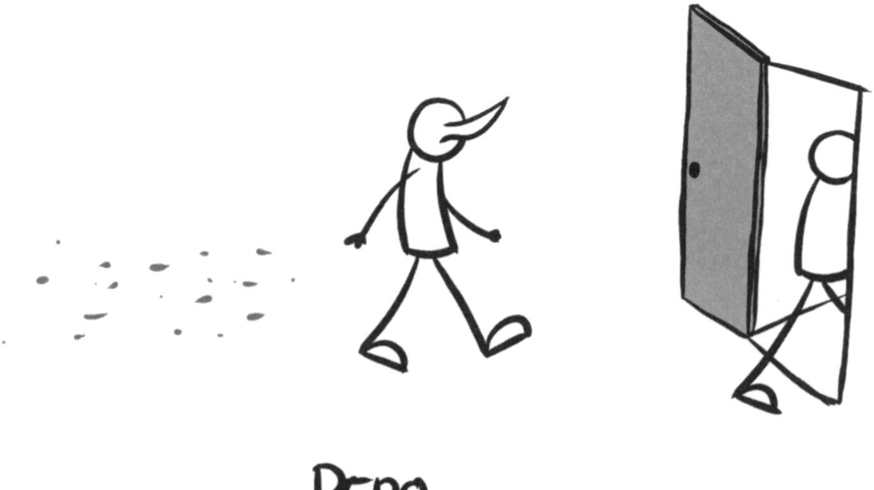

PERO...

A MÍ ME SIRVIÓ DE MUCHO

NECESITO
QUEDARME AQUÍ
UN MOMENTO

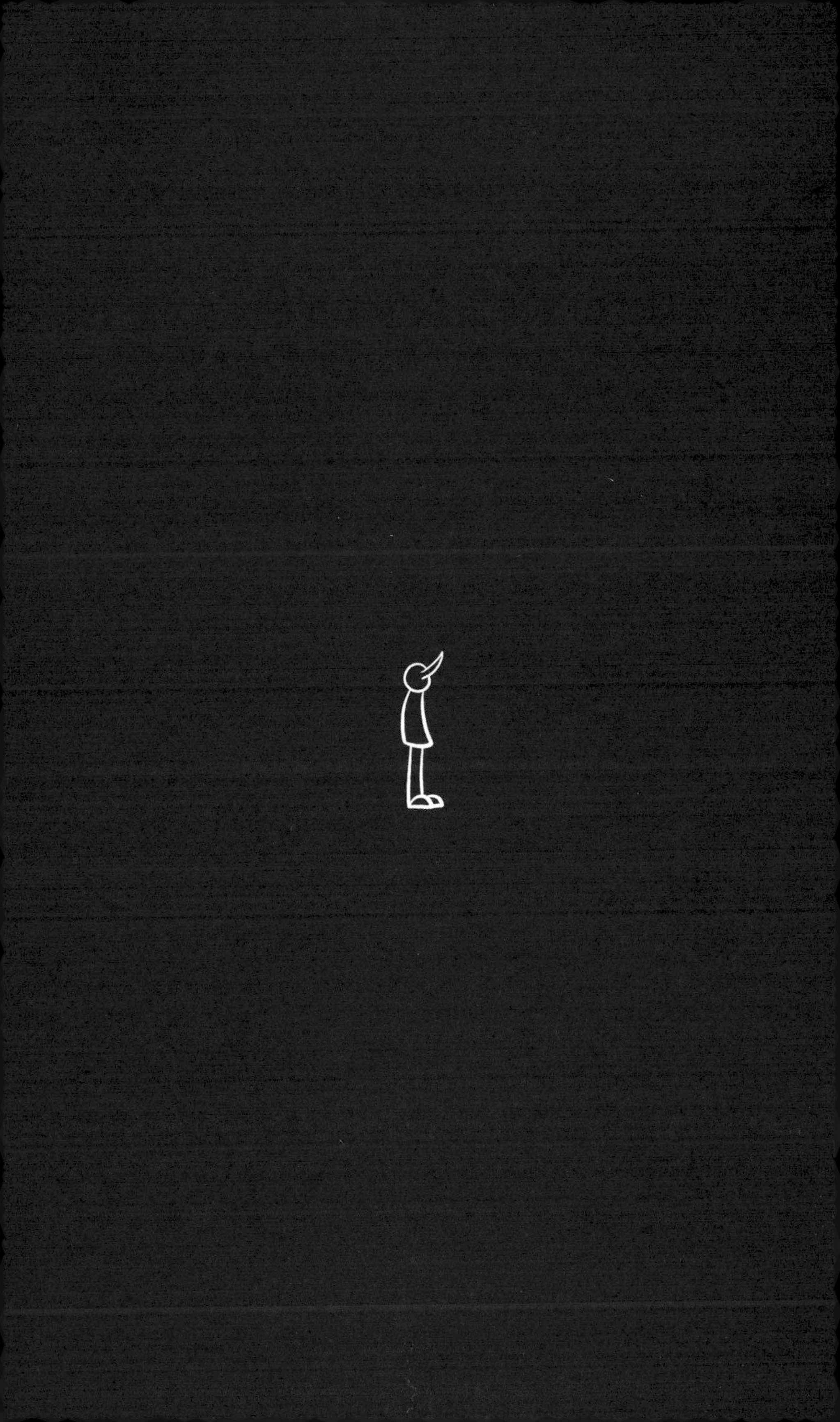

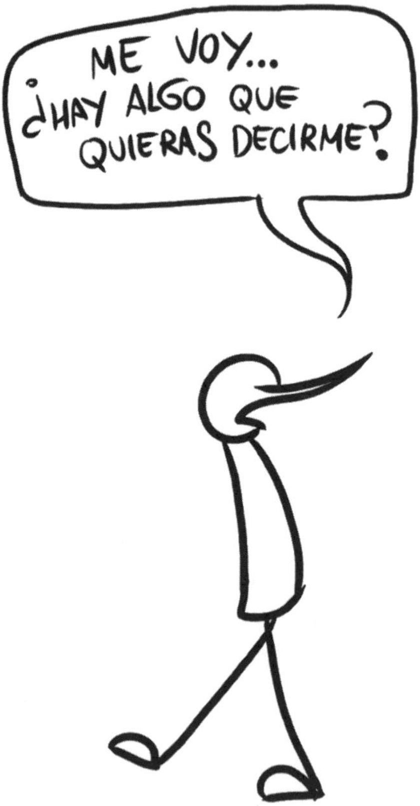
ME VOY...
¿HAY ALGO QUE
QUIERAS DECIRME?

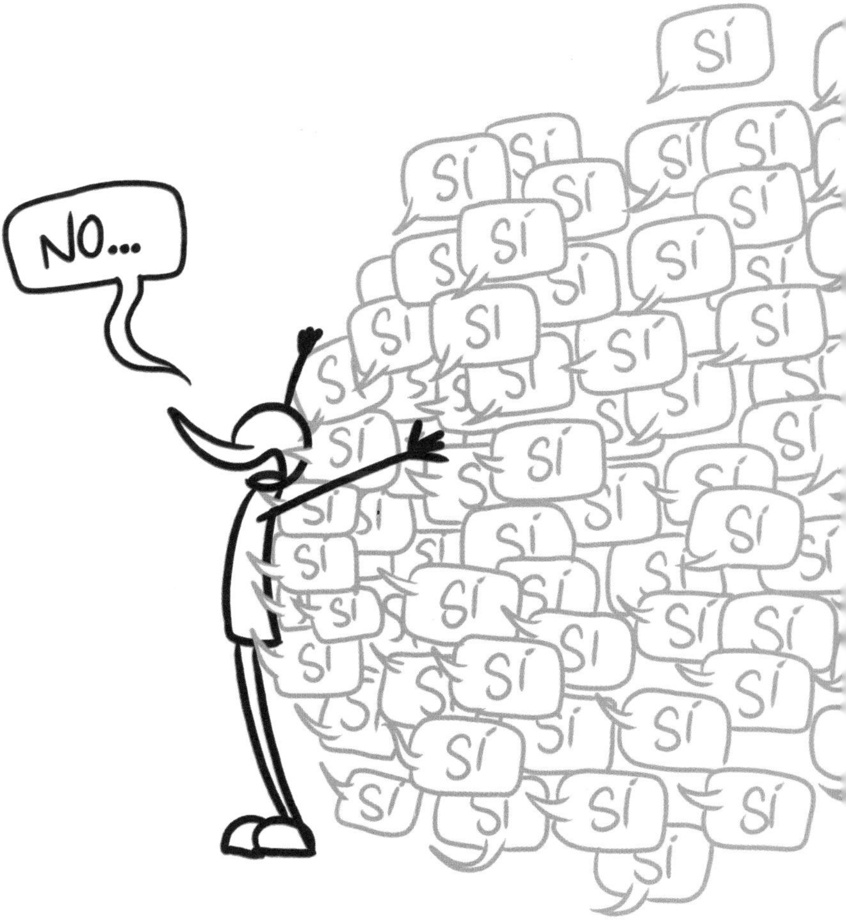
NO...
SÍ

NO SÉ LO QUE SIENTO
PIENSO

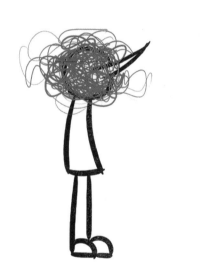

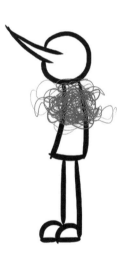

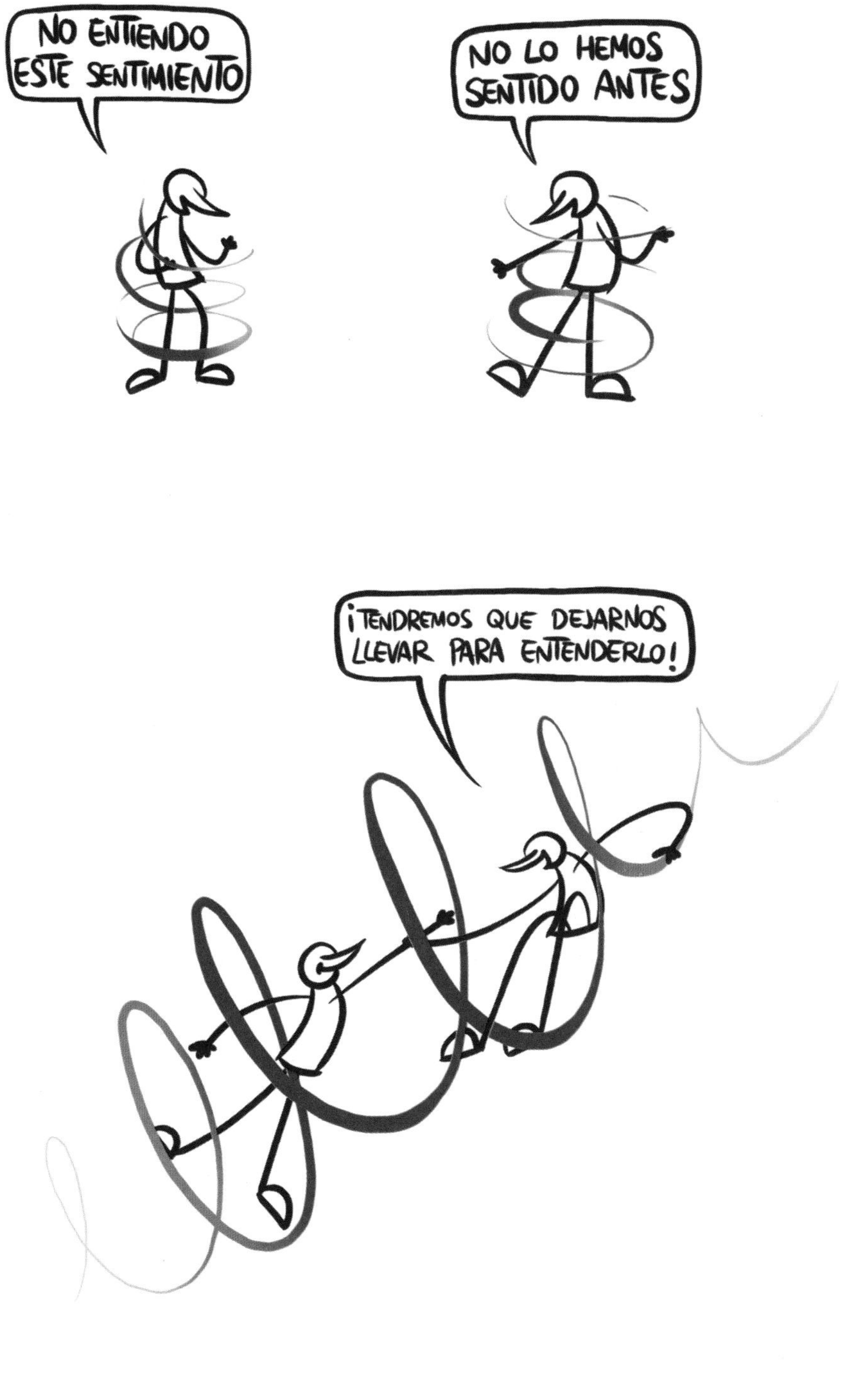
NO ENTIENDO ESTE SENTIMIENTO
NO LO HEMOS SENTIDO ANTES
¡TENDREMOS QUE DEJARNOS LLEVAR PARA ENTENDERLO!

HE INTENTADO SOLTAR CUANDO NO PODÍA

NO QUISE SOLTAR CUANDO TUVE OPORTUNIDAD

NO HE PODIDO SOLTAR CUANDO SÍ QUERÍA

HE SEGUIDO TIRANDO CUANDO NO ESTABA ATADO A NADA

ME HA AHOGADO MUCHAS VECES

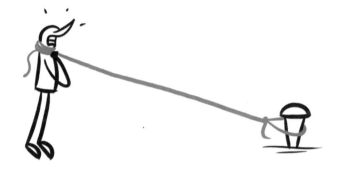

OTRAS VECES ME HA ARROPADO

Y AHORA...

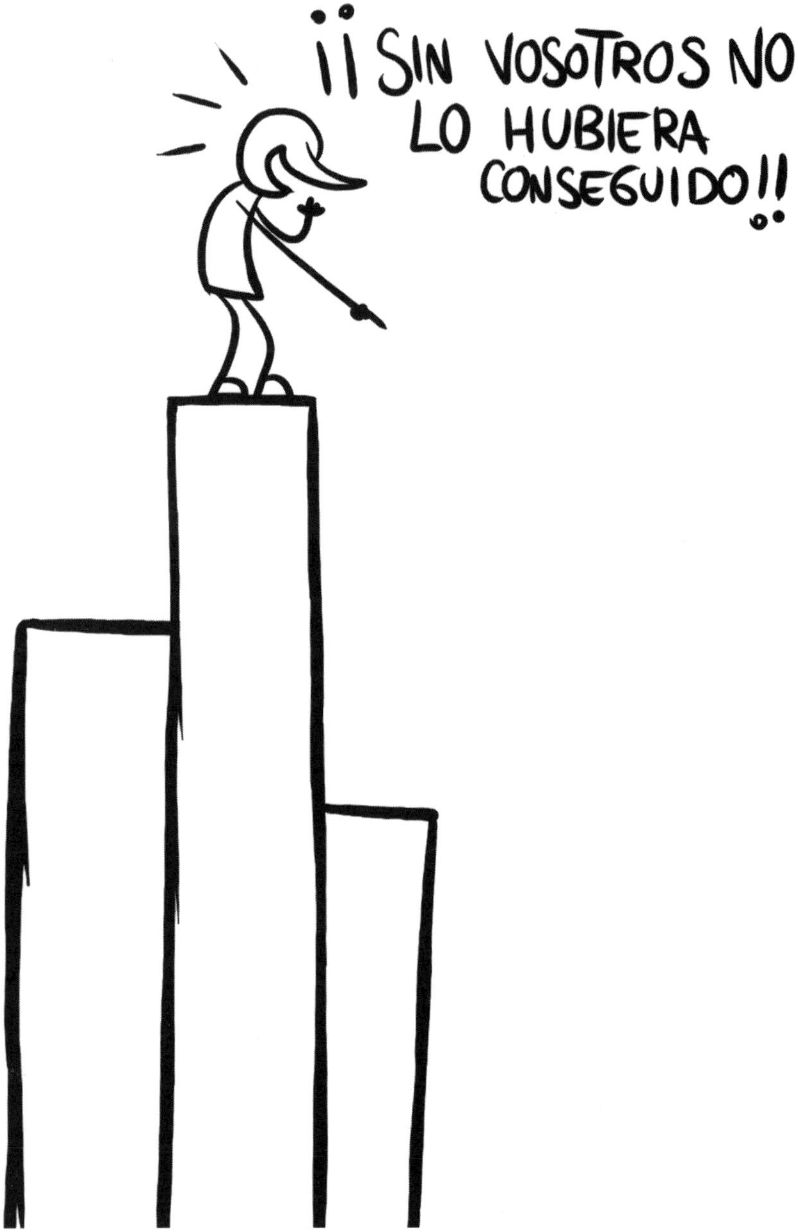
¡¡SIN VOSOTROS NO LO HUBIERA CONSEGUIDO!!

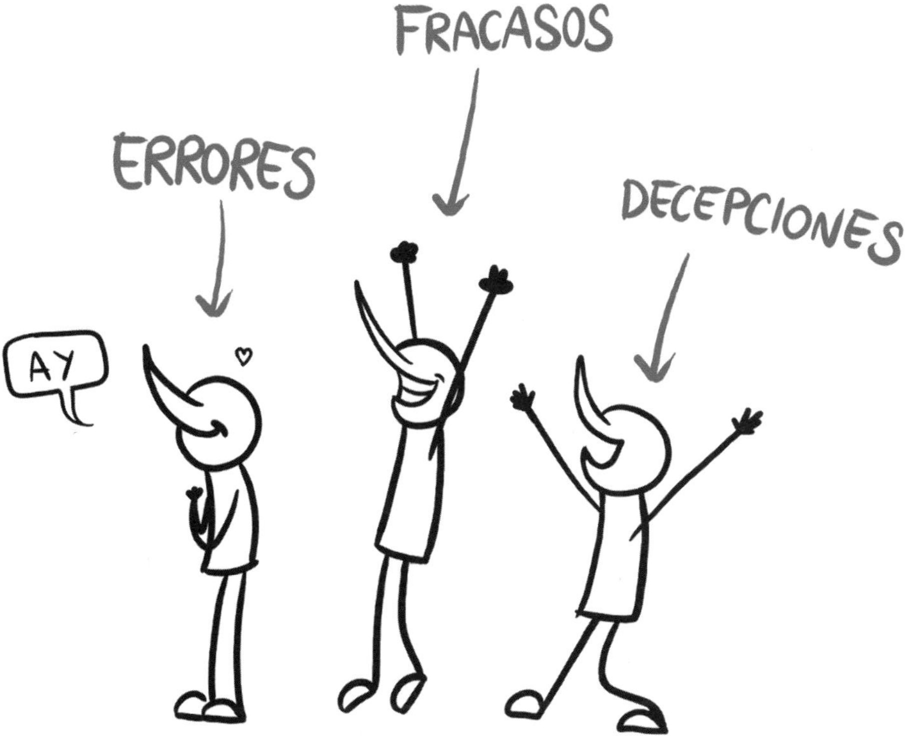
AY
ERRORES
FRACASOS
DECEPCIONES

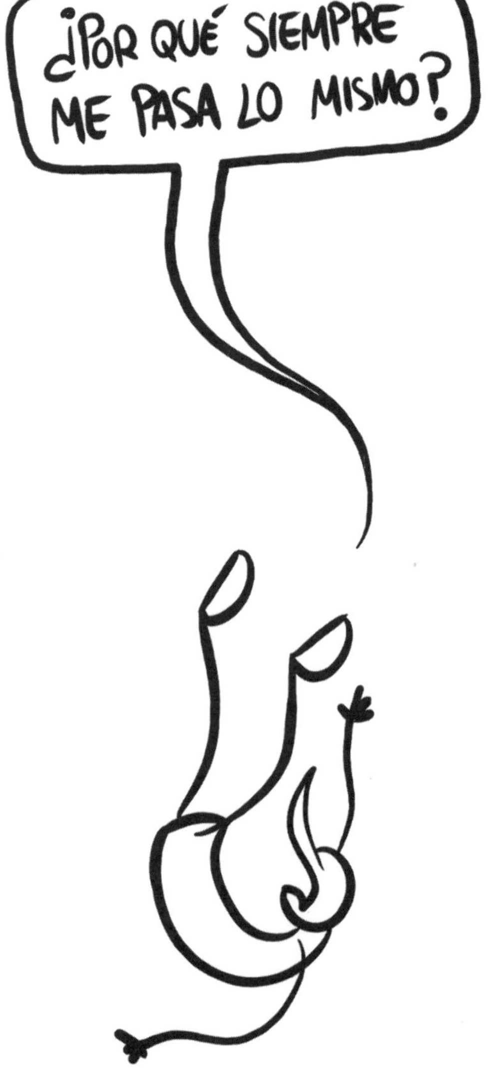
¿POR QUÉ SIEMPRE ME PASA LO MISMO?

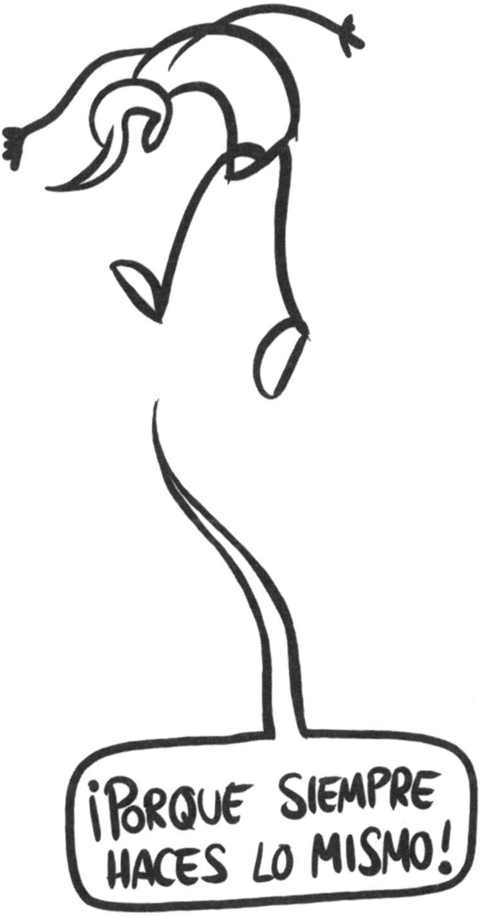
¡PORQUE SIEMPRE HACES LO MISMO!

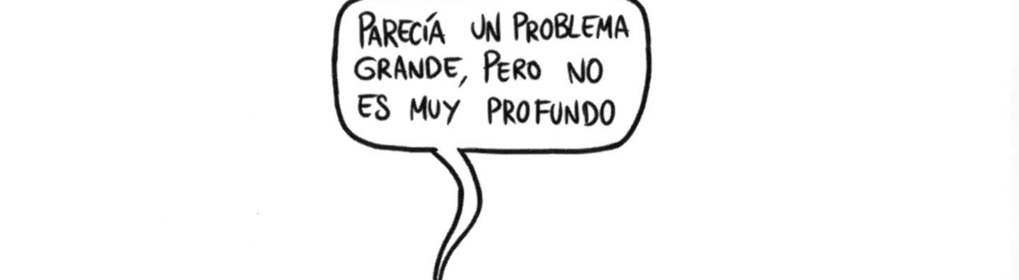
PARECÍA UN PROBLEMA GRANDE, PERO NO ES MUY PROFUNDO

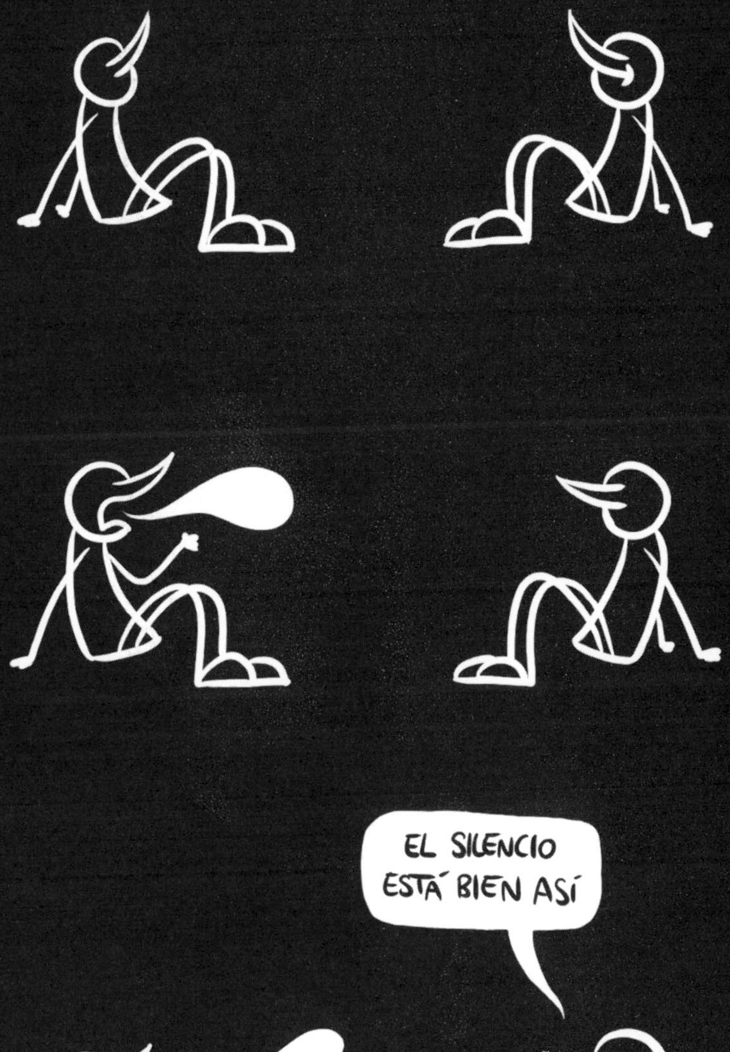
EL SILENCIO ESTÁ BIEN ASÍ

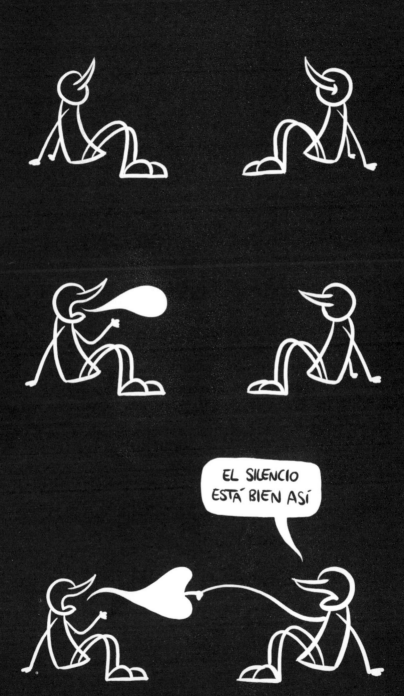

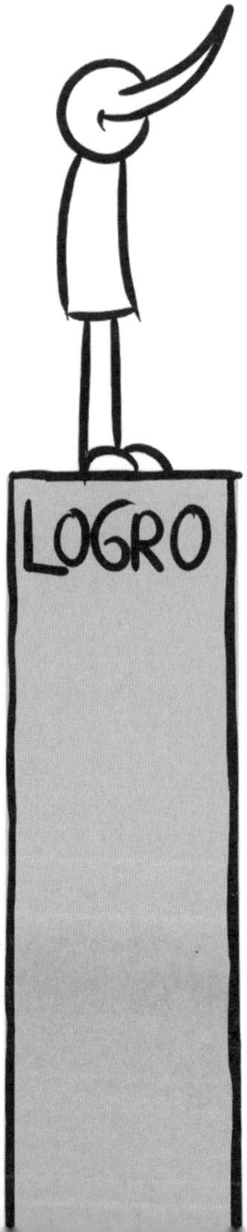
LOGRO

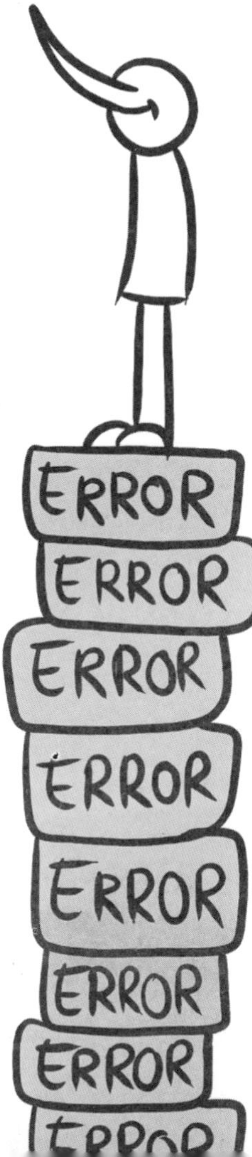
ERROR
ERROR
ERROR
ERROR
ERROR
ERROR
ERROR

AUNQUE NOS
HEMOS CRUZADO
EN NUESTRAS VIDAS

TENEMOS QUE
PERMITIRNOS
CONTINUAR

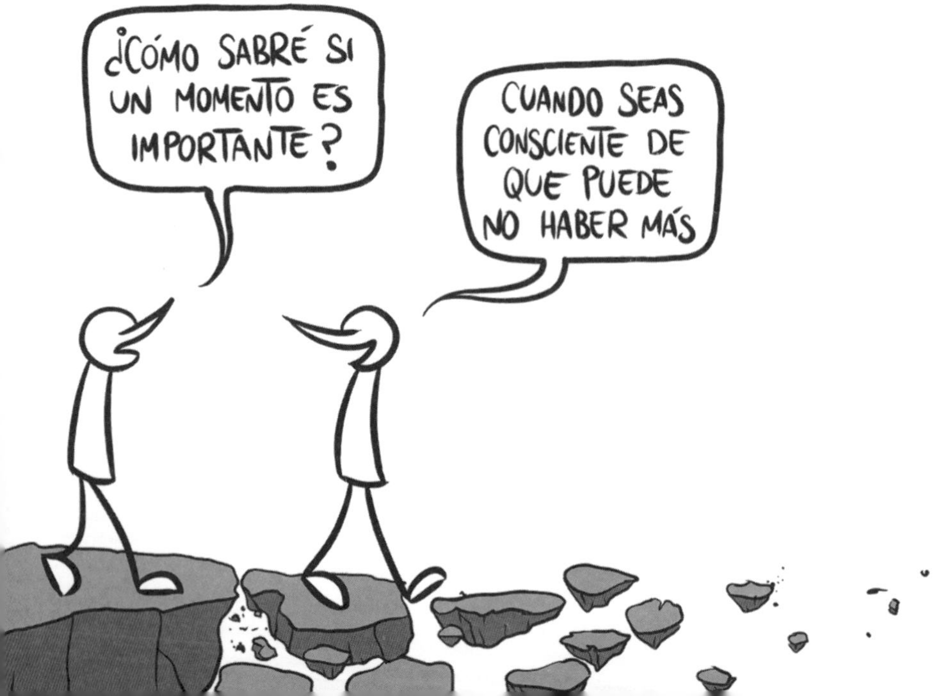
¿CÓMO SABRÉ SI UN MOMENTO ES IMPORTANTE?
CUANDO SEAS CONSCIENTE DE QUE PUEDE NO HABER MÁS

QUE YO NO VAYA POR
TU MISMO CAMINO

NO SIGNIFICA QUE
NO AVANCE

SE ME HACÍA
TAN LARGO EL
CAMINO A
LA CIMA

QUE ME SORPRENDIÓ LLEGAR ANTES

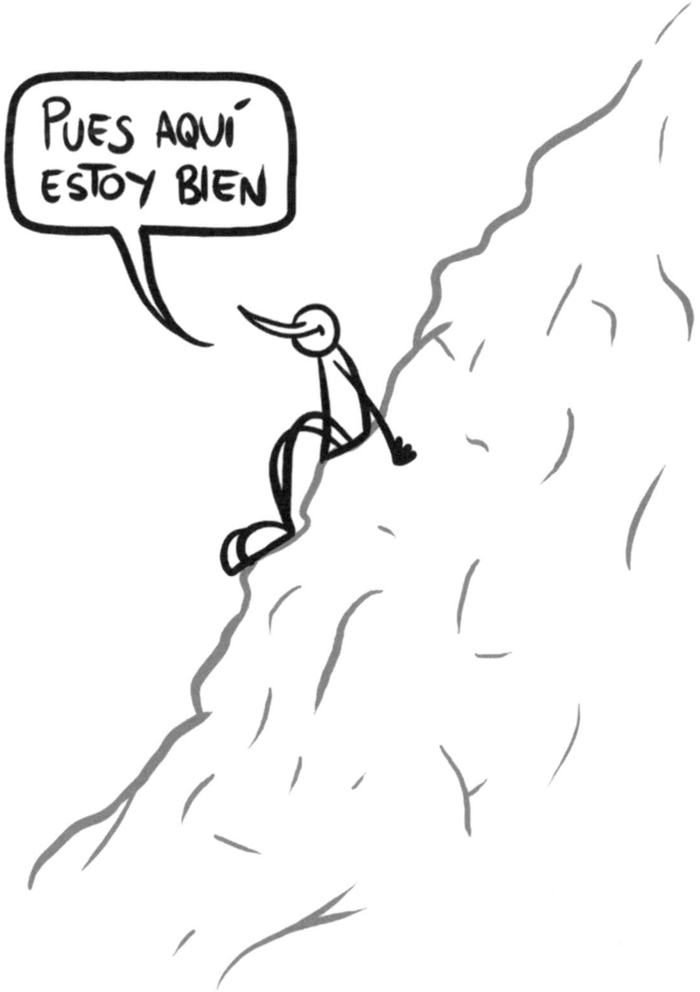
PUES AQUÍ ESTOY BIEN

CUANDO MÁS SOLO
ME SIENTO ES CUANDO
NO ESTOY SOLO

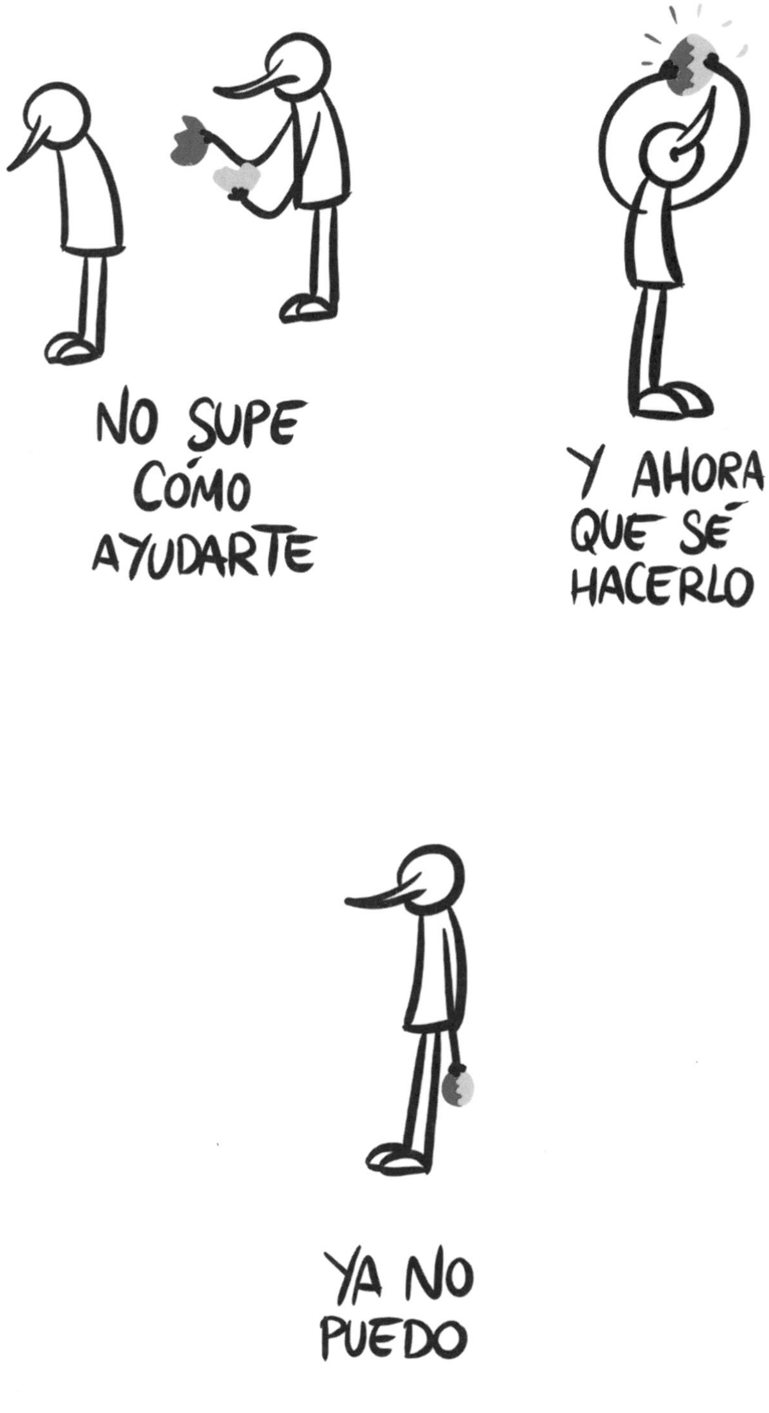
NO SUPE CÓMO AYUDARTE
Y AHORA QUE SÉ HACERLO
YA NO PUEDO

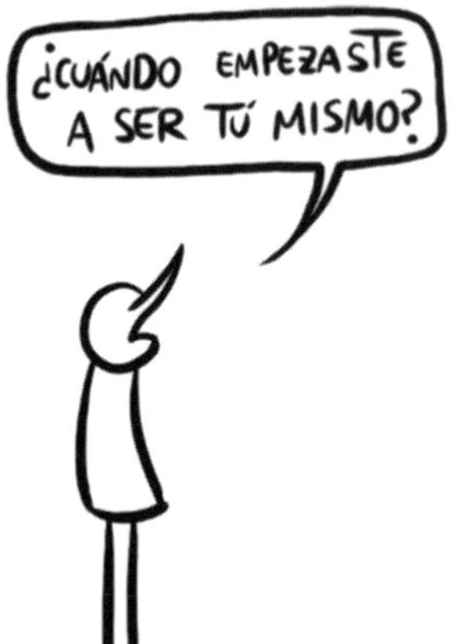
¿CUÁNDO EMPEZASTE A SER TÚ MISMO?

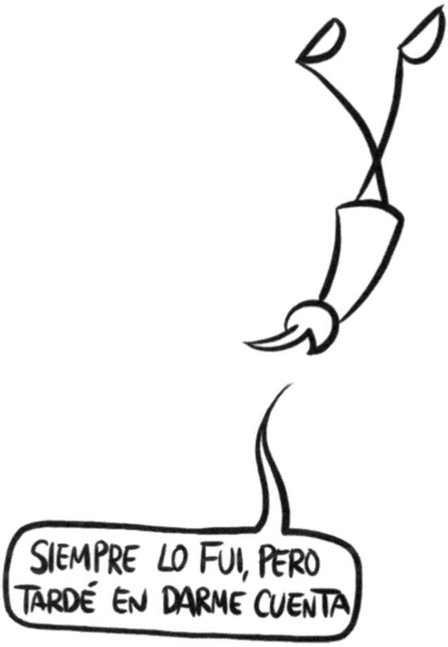
SIEMPRE LO FUI, PERO TARDÉ EN DARME CUENTA

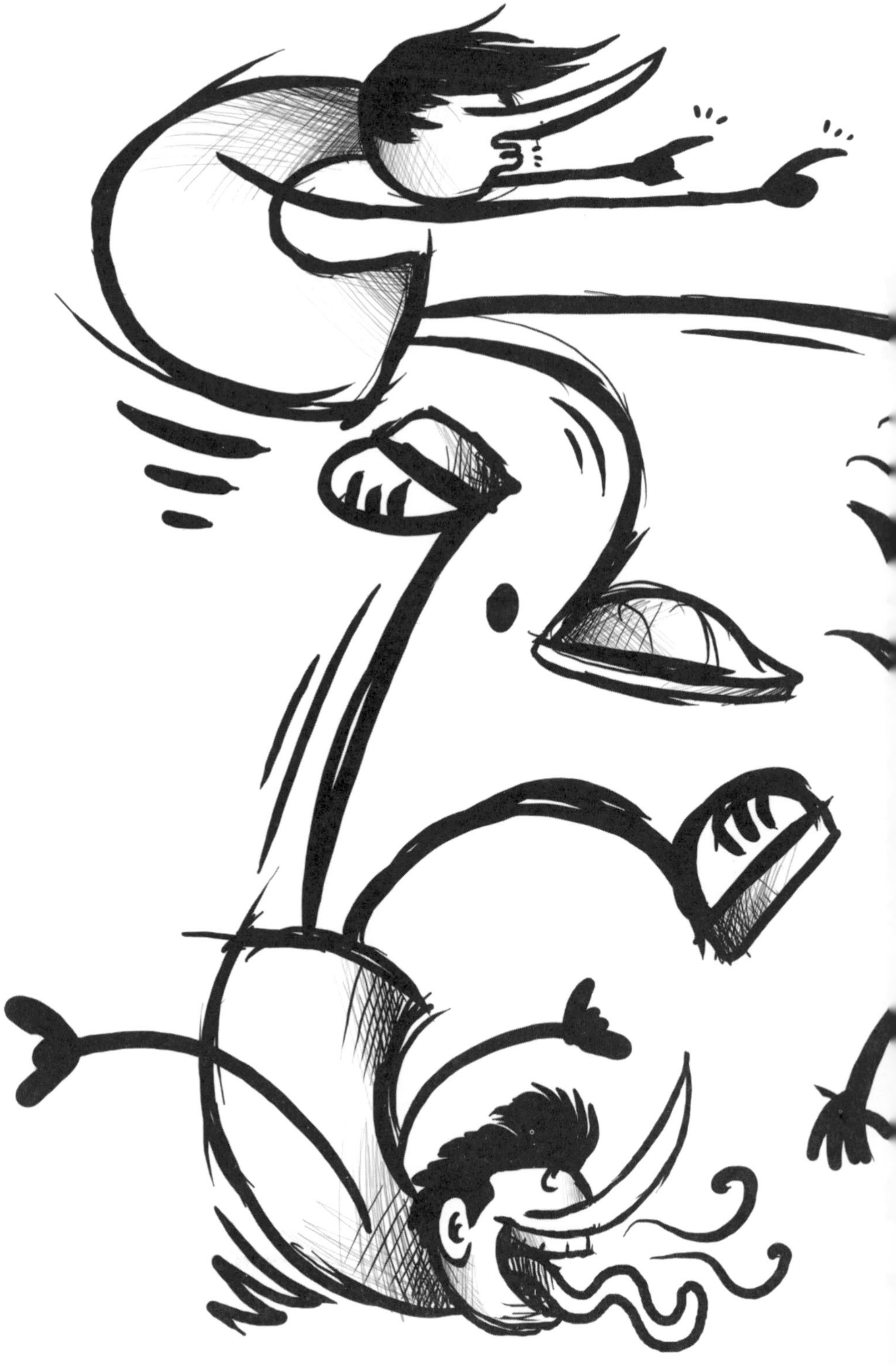

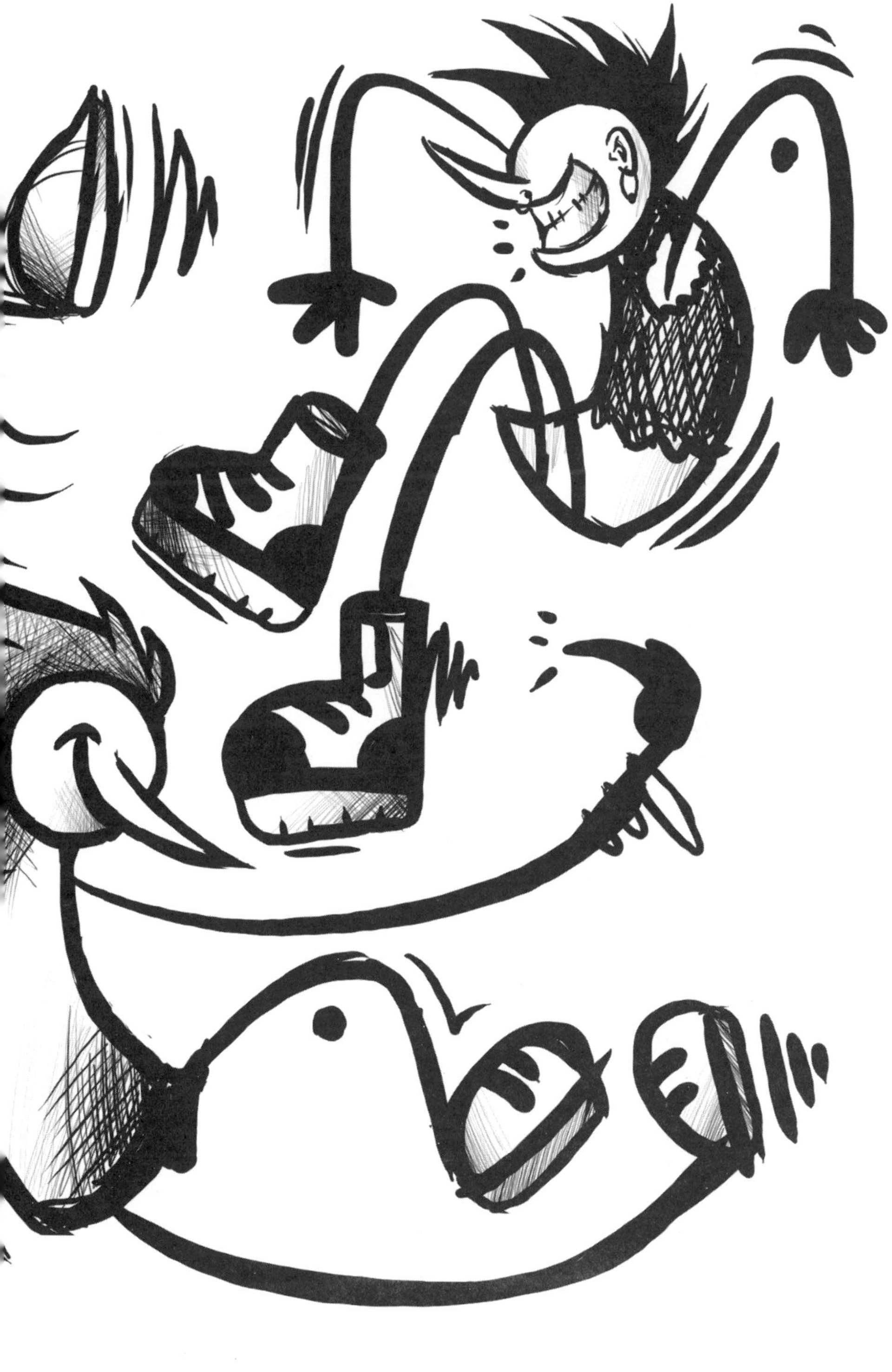

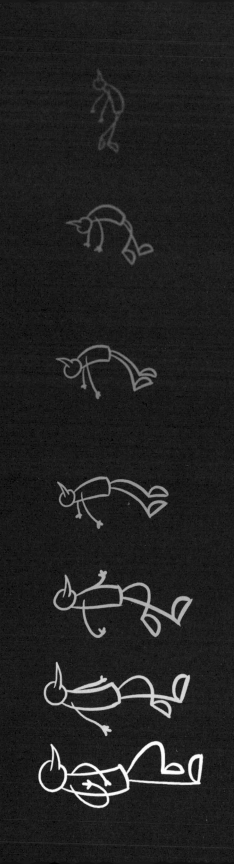

TAL VEZ ESTARÍA MEJOR SINO ESTUVIERA

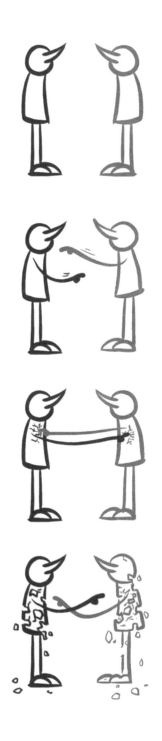

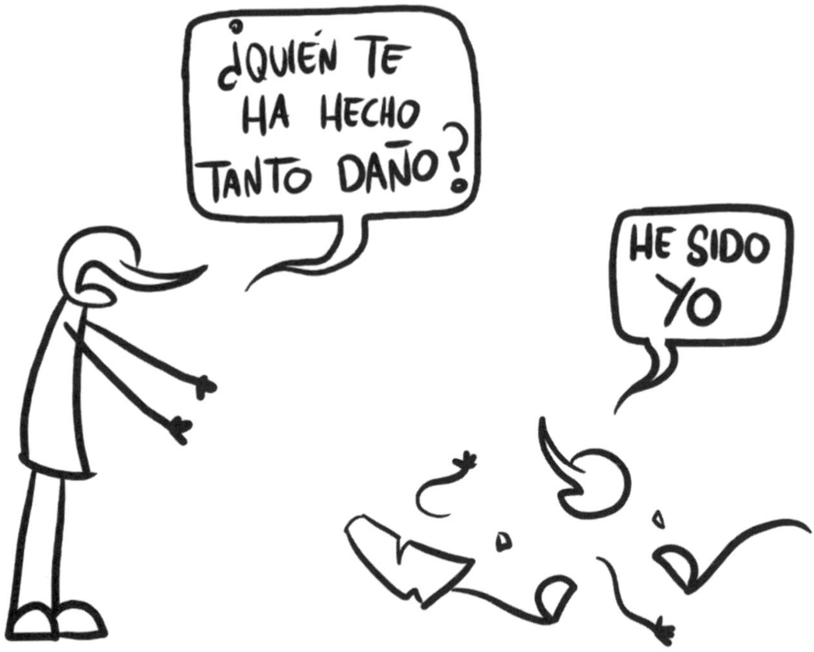
¿QUIÉN TE HA HECHO TANTO DAÑO?
HE SIDO YO

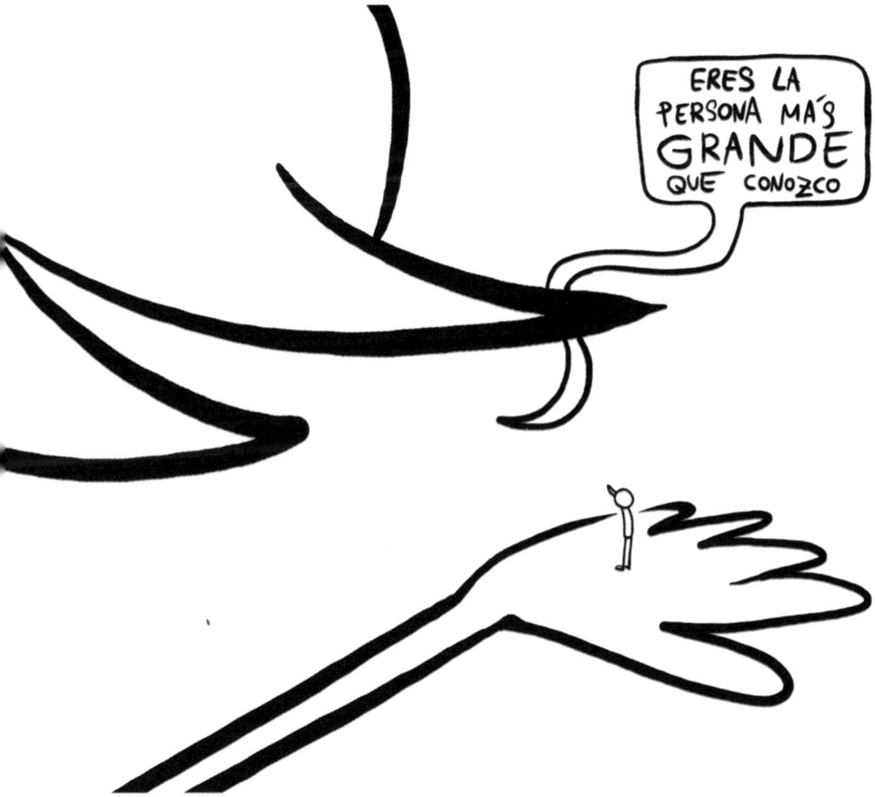
ERES LA PERSONA MÁS GRANDE QUE CONOZCO

¿ERES CONSCIENTE DE LO EXTREMADAMENTE FÁCIL QUE HUBIERA SIDO NO COINCIDIR?

AUNQUE NO ES MI CANCIÓN FAVORITA,
LA BAILO IGUALMENTE

AUNQUE ESTA NO ES MI MEJOR ETAPA,
LA ATRAVIESO IGUALMENTE

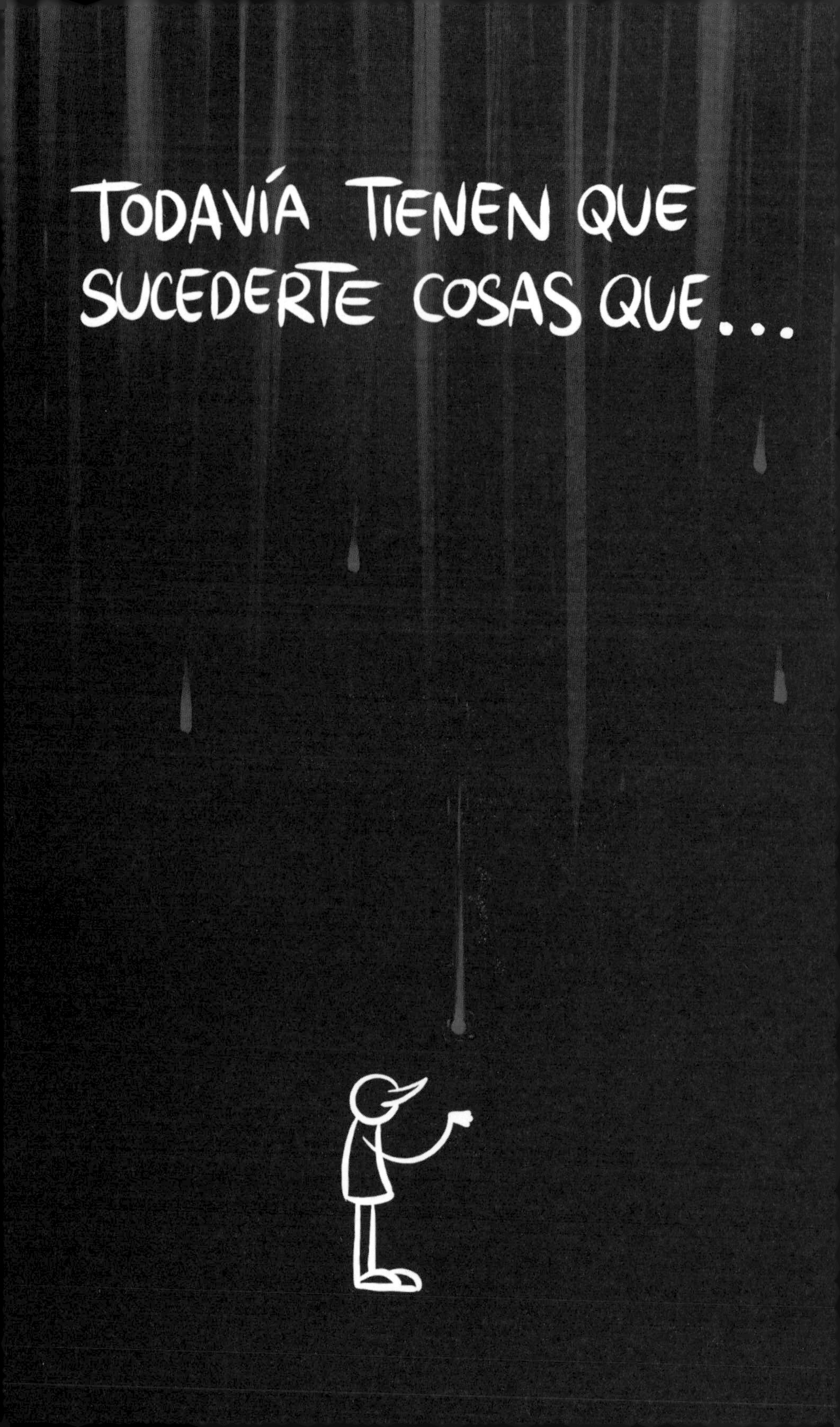
TODAVÍA TIENEN QUE
SUCEDERTE COSAS QUE...

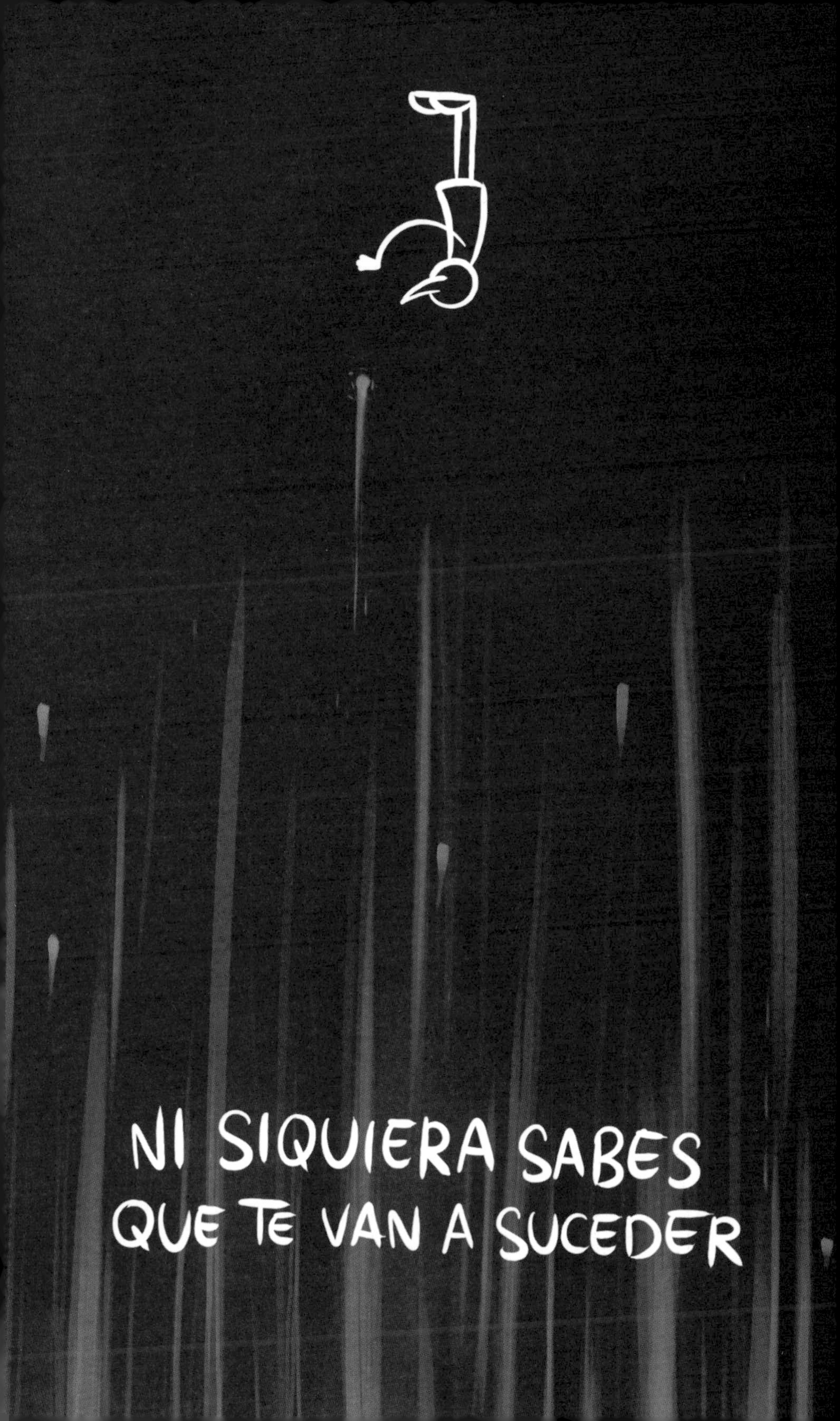
NI SIQUIERA SABES
QUE TE VAN A SUCEDER

ME ESTOY

QUEDANDO

SIN FUERZAS

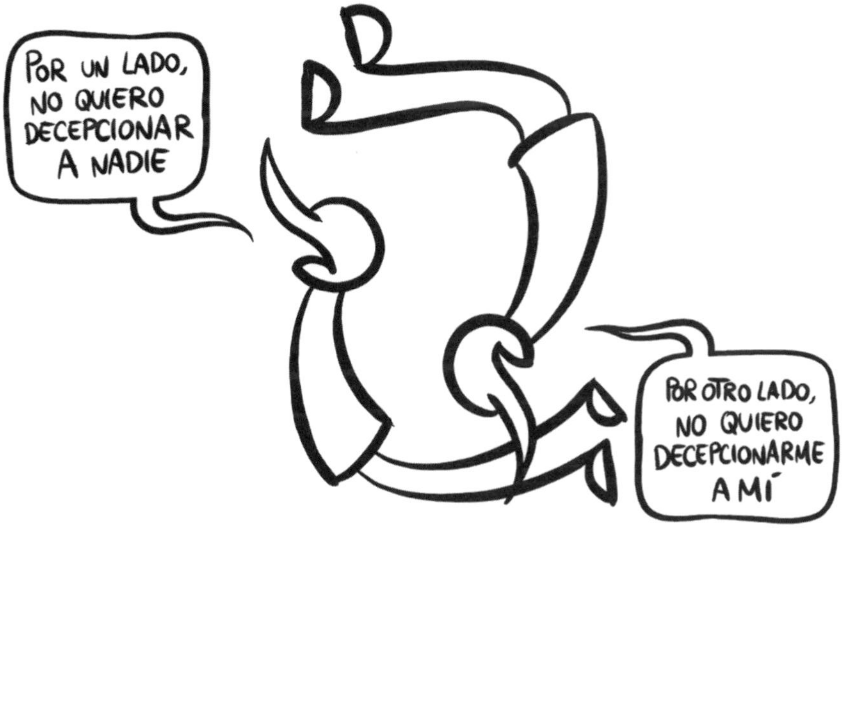
POR UN LADO, NO QUIERO DECEPCIONAR A NADIE
POR OTRO LADO, NO QUIERO DECEPCIONARME A MÍ

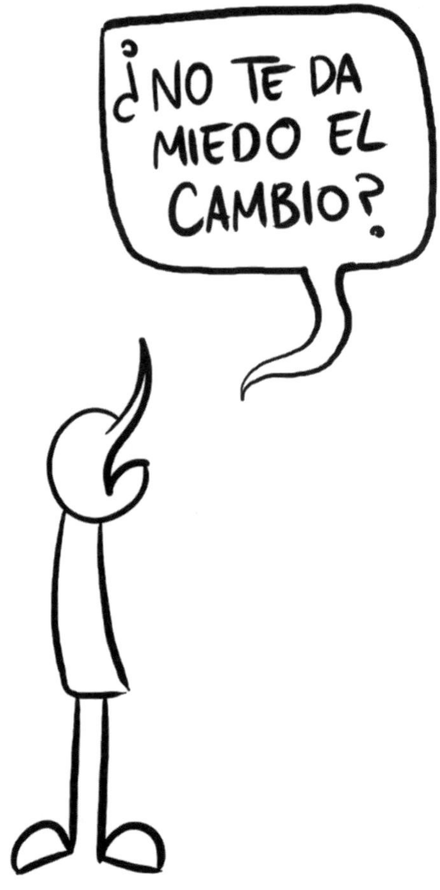
¿NO TE DA MIEDO EL CAMBIO?

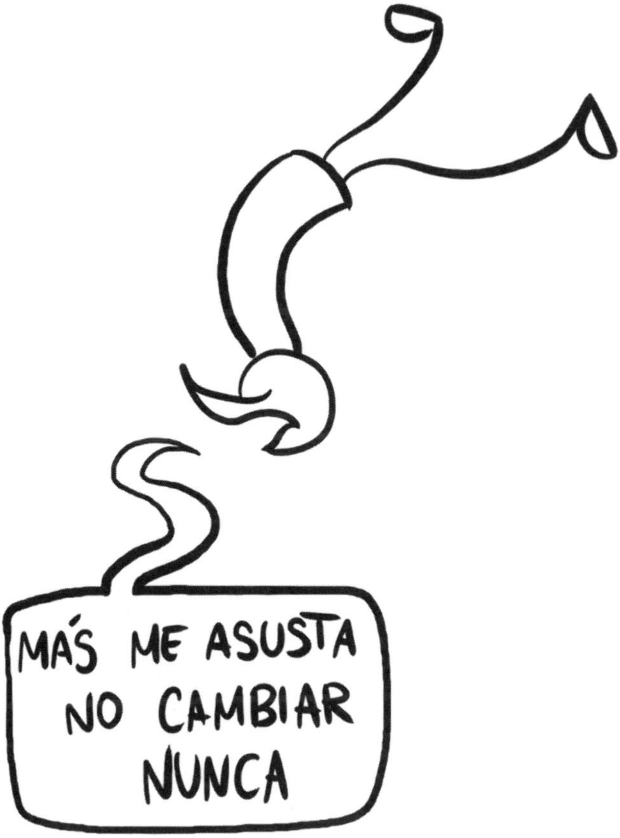
MÁS ME ASUSTA NO CAMBIAR NUNCA

ECHO DE MENOS
A PERSONAS QUE
NUNCA LO SABRÁN

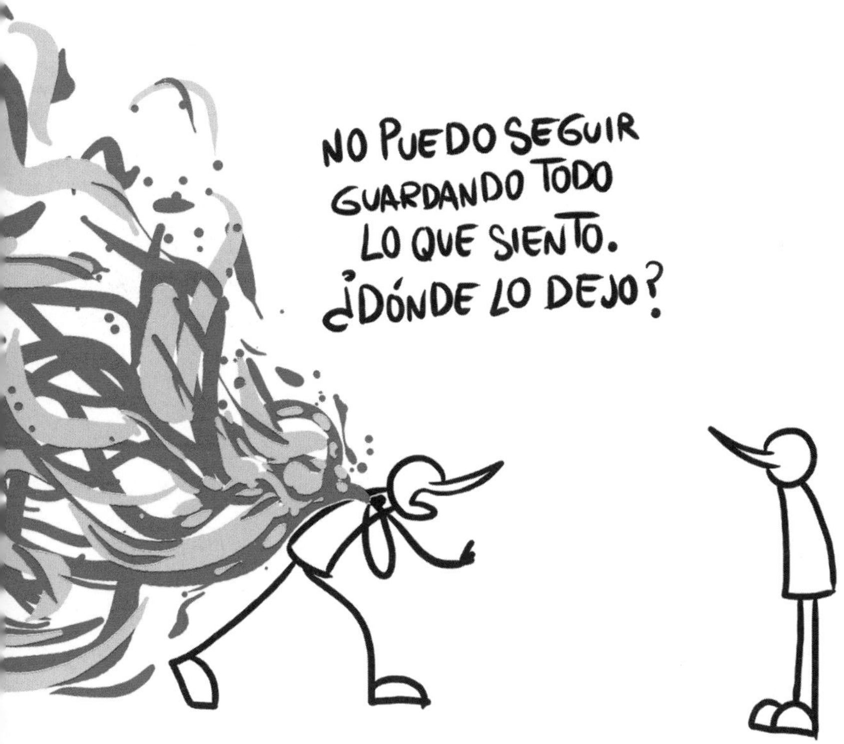
NO PUEDO SEGUIR GUARDANDO TODO LO QUE SIENTO. ¿DÓNDE LO DEJO?

EL ÚLTIMO GOLPE QUE ME DISTE

FUE TAN FUERTE

QUE ME
LIBERÓ

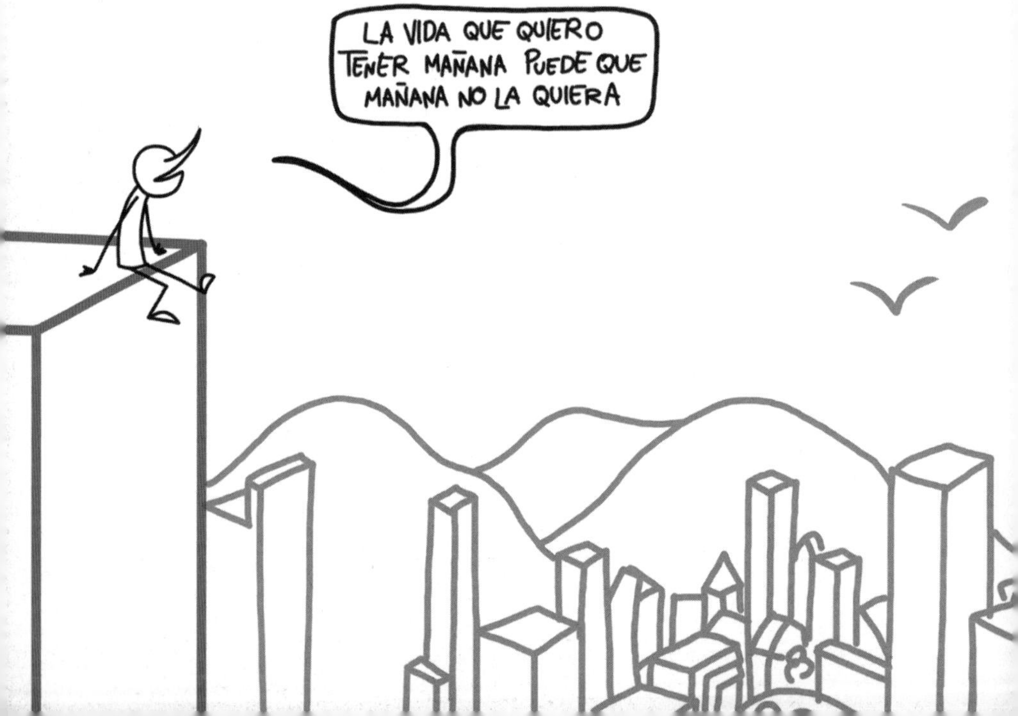
LA VIDA QUE QUIERO TENER MAÑANA PUEDE QUE MAÑANA NO LA QUIERA

NECESITO ESPACIO

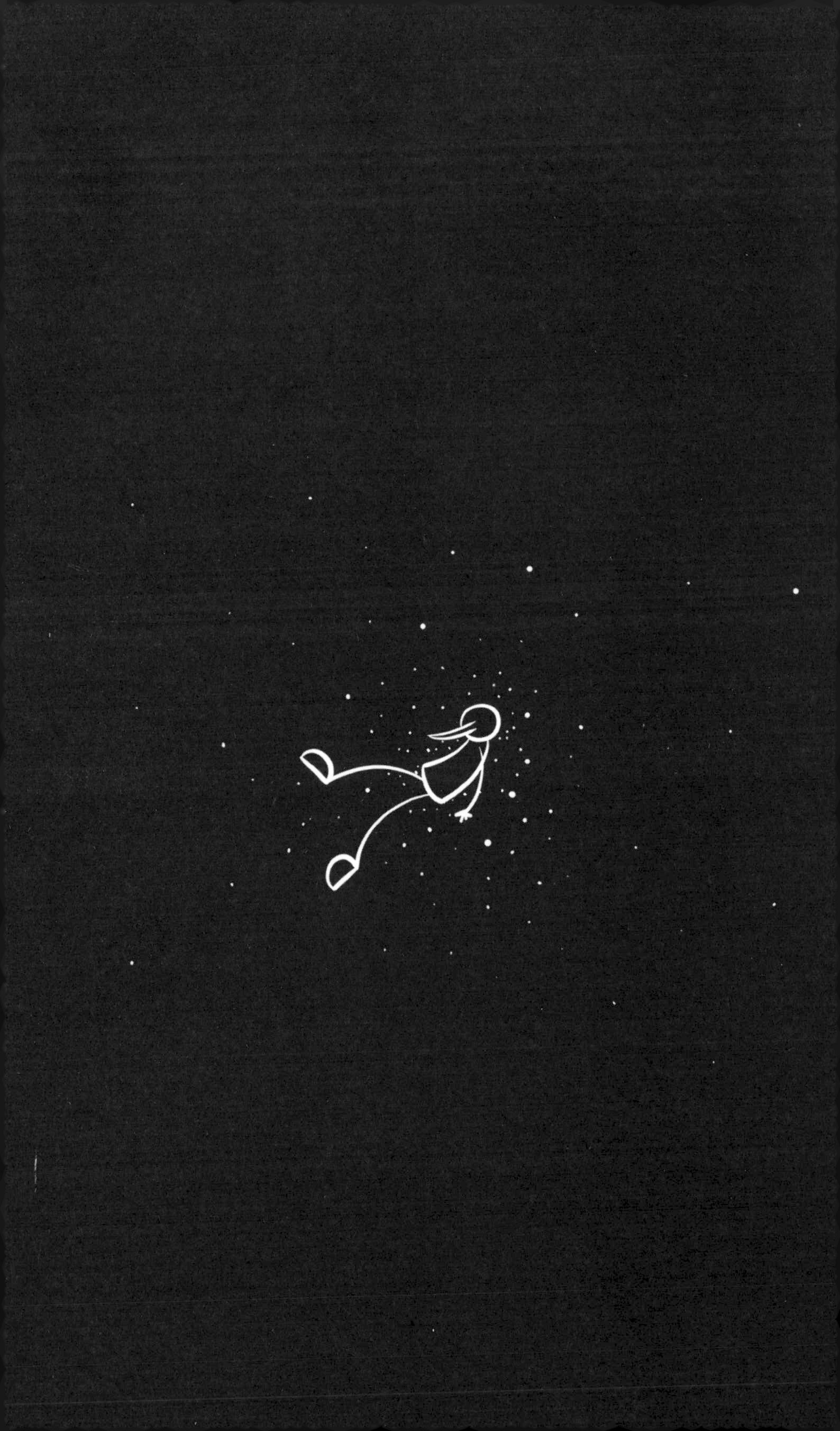

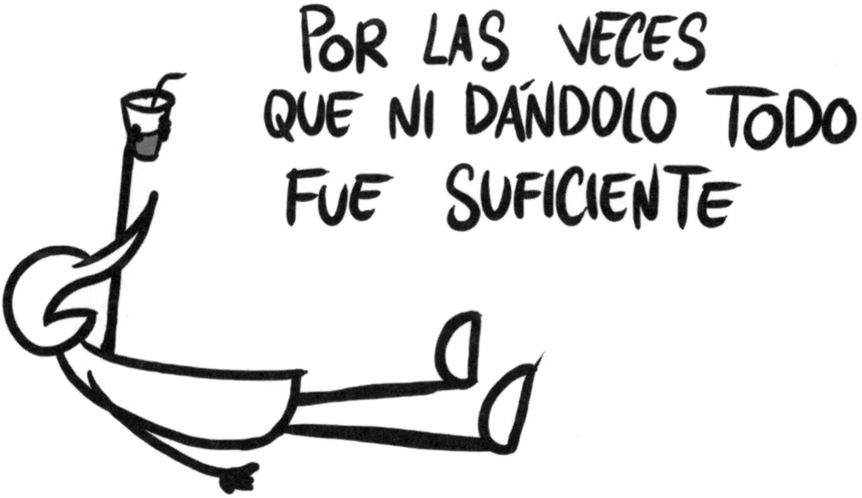
POR LAS VECES
QUE NI DÁNDOLO TODO
FUE SUFICIENTE

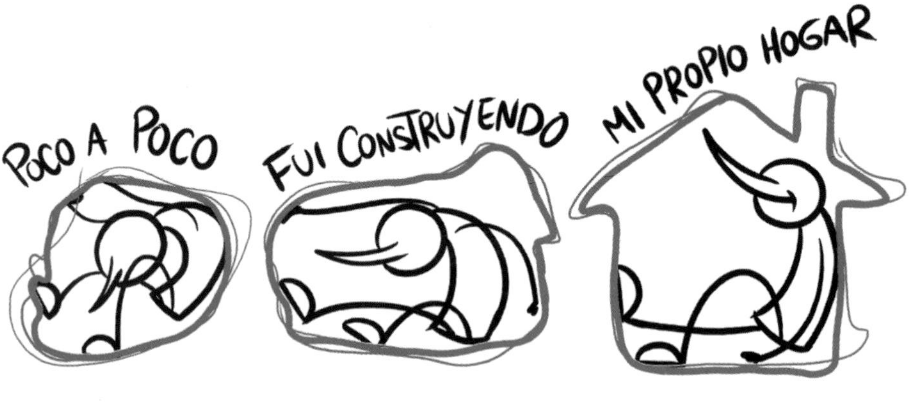
POCO A POCO
FUI CONSTRUYENDO
MI PROPIO HOGAR

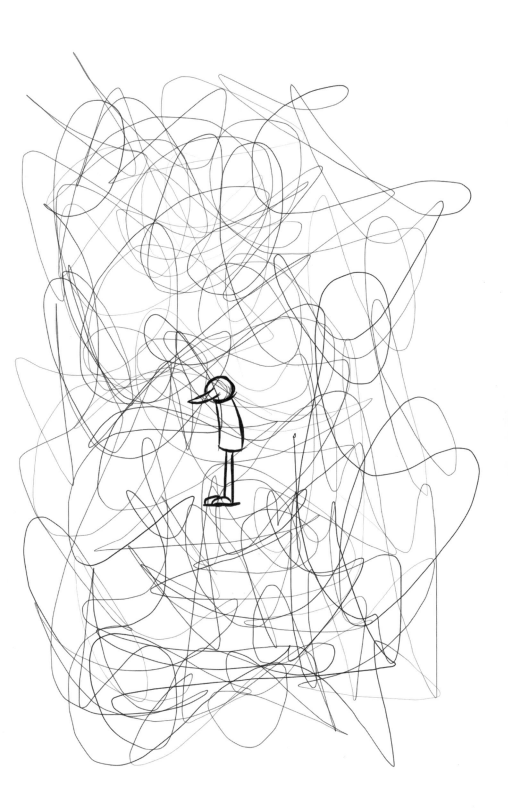

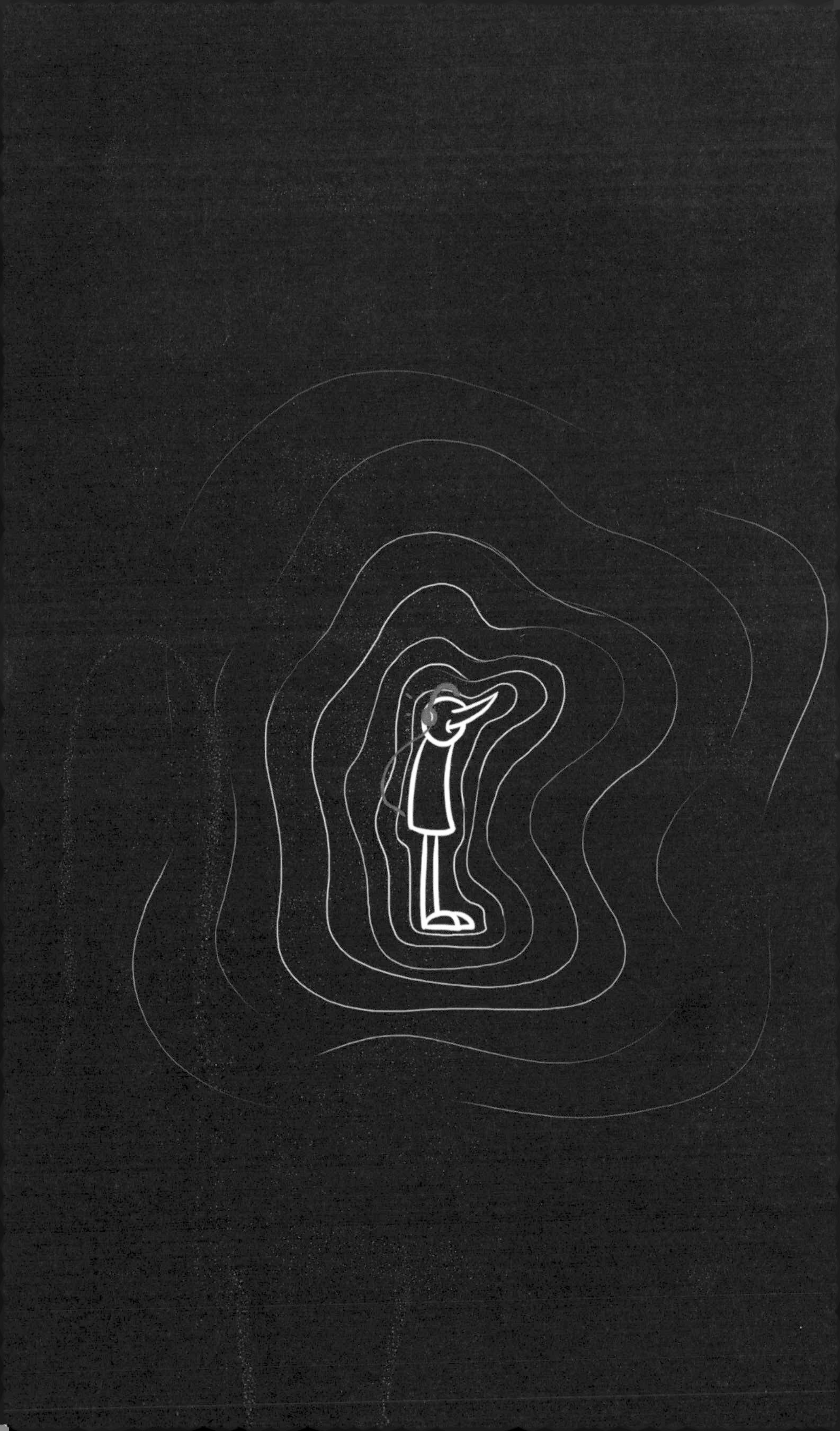

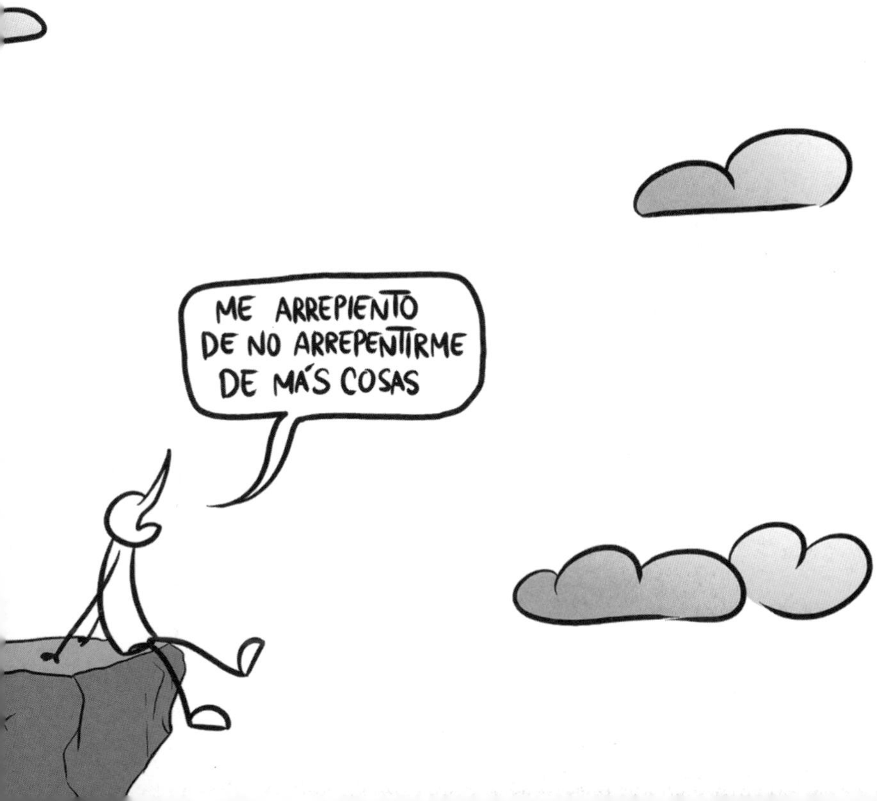
ME ARREPIENTO DE NO ARREPENTIRME DE MÁS COSAS

ESCUPIENDO NO RIEGAS

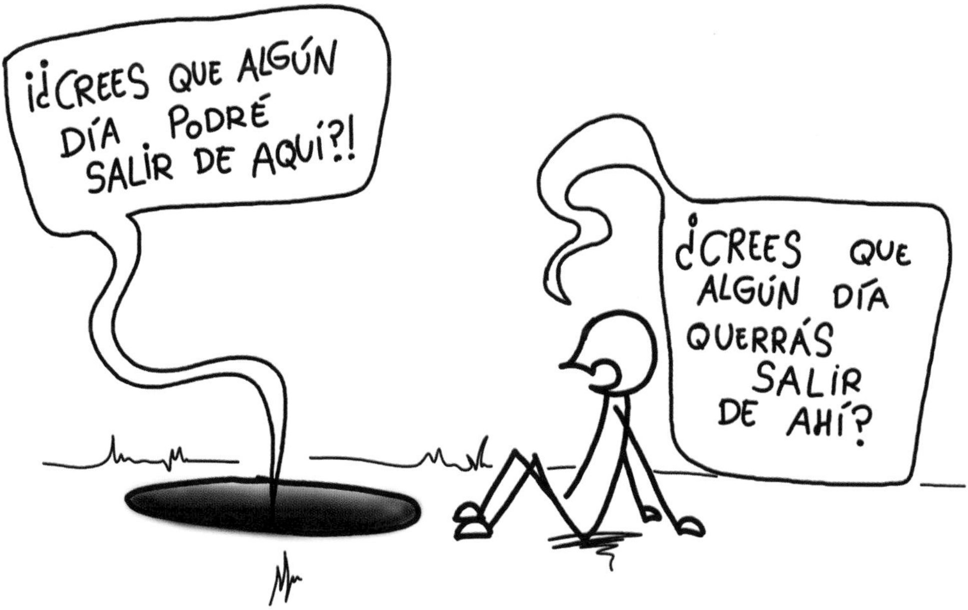
¡¿CREES QUE ALGÚN DÍA PODRÉ SALIR DE AQUÍ?!
¿CREES QUE ALGÚN DÍA QUERRÁS SALIR DE AHÍ?

(Esta es la primera viñeta, la que lo empezó todo,
sin intención de empezar nada.)

Gonzalo Herce Micharet (INKOHERENTE) nació en La Rioja en 1995. Estudió Bachillerato Artístico y se especializó como ilustrador en las escuelas de arte de Zaragoza y Bilbao. Trabaja como ilustrador, diseñador y profesor de danza. También le gusta realizar fotografía y vídeos artísticos, que comparte en su canal de YouTube, llamado *Phoenix Films*. Actualmente reside en Bilbao.